AF367490

LES NEUROSCIENCES

APPLIQUEES AU

FOOTBALL

PROPOSITION PRACTIQUE

100 EXERCICES D'ENTRAINEMENT

Manuel Jesús Crespo García

Titre : LES NEUROSCIENCES APPLIQUEES AU FOOTBAL. PROPOSITION PRATIQUE. 100 EXERCICES D'ENTRAINEMENT

Auteur : MANUEL JESÚS CRESPO GARCÍA
Correction du texte : MANUELA CASTILLO SOLER

Editeur : WANCEULEN EDITORIAL
Collection : WANCEULEN EDITORIAL DEPORTIVA

ISBN (Format papier): 978-84-18486-44-9
ISBN (Ebook):   978-84-18486-45-6

Dépôt Légal : SE 1088-2020

Imprimé en Espagne. 2020 WANCEULEN S.L.
C/ Cristo del Desamparo y Abandono, 56 - 41006 Sevilla
Site Internet : www.wanceuleneditorial.com y www.wanceulen.com Email: info@wanceuleneditorial.com

PROLOGUE

Les jeux olympiques, les jeux mondiaux, les jeux panaméricains, les jeux sud-américains, les championnats nationaux, le football à l'école, dans la rue, dans les clubs, quel que soit le contexte, ni où ni quand, car dans chacun d'entre eux, les enseignants et les entraîneurs de football comprennent notre nature humaine. Ce qui est encore plus difficile, "savoir faire" les cours et les entraînements est décisif pour que l'expérience soit positive à la fois pour le bien-être et la performance du joueur, en appréhendant la performance comme la possibilité de ce que l'on fait, remplissent les objectifs voulus (buts de loisir, d'entraînement ou de performance).

Nous sensibiliser aux neurosciences appliquées au sport est un défi que de plus en plus d'entraîneurs et d'enseignants relèvent chaque jour. La rapidité avec laquelle la recherche sort quotidiennement de nouvelles études sur le cerveau, le corps et l'action motrice, signifie que si nous ne les étudions pas, nous serons décontextualisés. Dans ce livre, Manuel Crespo, ne contribue pas seulement au développement des connaissances sur ce sujet, mais réalise également quelque chose que peu de coachs et d'enseignants font ces dernières années : transférer la science à la pratique.

Dans ce livre, l'auteur propose un défi important : apporter une éducation de qualité, mettre en avant l'apprentissage et la connaissance de notre propre organisme, en apprendre davantage sur le rôle de l'attention, le fonctionnement de nos systèmes, sur comment la structure même de notre cerveau... participe directement à la qualité du processus «enseignement-apprentissage», et comment celle-ci nous apporte des outils, des exercices et des explications qui nous permettront de mieux exercer notre pratique d'enseignants. Ceci est directement lié à notre éthique et à notre qualité d'enseignants et d'entraîneurs, car cela nous permet de savoir de mieux comprendre ce que nous proposons à nos élèves. Cela nous donne les bases pour mettre l'élève au cœur du processus. Et, dans le même temps, cela nous permet de mieux nous connaître, de mieux identifier nos processus internes, notre fonctionnement cérébral, notre anatomie, nos fonctions, et ainsi apprendre à mieux nous connaître et nous aider à générer des conditions d'apprentissage idéales, qui améliorent les environnements éducatifs, qui mettent l'accent sur la science et l'expérience

J'ai la conviction que cette proposition peut entraîner des changements chez les professionnels et les apprentis, et permettra de nouvelles publications et de nouvelles études. Plus important encore, cela conduira à une amélioration de la qualité de l'éducation, par le biais du sport, du mouvement et principalement du football.

José Pedro Riveros Santis
Elite Athletes Coach Master en Éducation

TABLE DES MATIÈRES

INTRODUCTION

Le neuroscientifique et chercheur Fabricio Ballarini, explique que "la recherche en neurosciences nous dit que nous nous souvenons et connaissons les nouveaux événements, ceux qui perturbent la routine" ... "vous devez éduquer le cerveau."

"Les neurosciences du sport sont pratiquea, elles portent sur l'attention, les temps de rétention, la gestion du stress ... c'est quelque chose d'expérimental"

Les neurosciences sont un domaine scientifique qui étudie le système nerveux dans toute son étendue. La neuroéducation est l'application des neurosciences à l'apprentissage et étudie le fonctionnement du système nerveux lorsque nous apprenons. Les neurosciences éducatives étudient le processus par lequel notre cerveau apprend en fonction de la génétique, de l'environnement et de l'expérience, ainsi que des processus cognitifs et des émotions, et étudie également les sentiments qui influencent l'apprentissage.

Il y a une très forte tendance éducative ancrée dans ces concepts, qui se reflète dans l'enseignement du sport, même s'il peuvent conduire à des erreurs s'ils sont mal compris, et ne pas atteindre les résultats escomptés. Le processus décisionnel est :

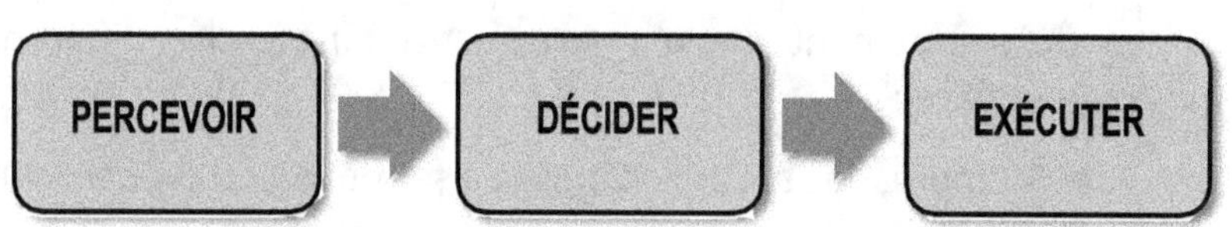

Mais dans des sports comme le football, où de nombreuses décisions sont prises avec chaque action, la réalité change et le footballeur est soumis à un stress compétitif dans son développement et son apprentissage (la testostérone et le cortisol font leur apparition) et le mécanisme de notre cerveau doit répondre à différentes situations sans la possibilité de penser quelle est la meilleure solution. L'expérience et le contrôle des émotions feront du mécanisme:

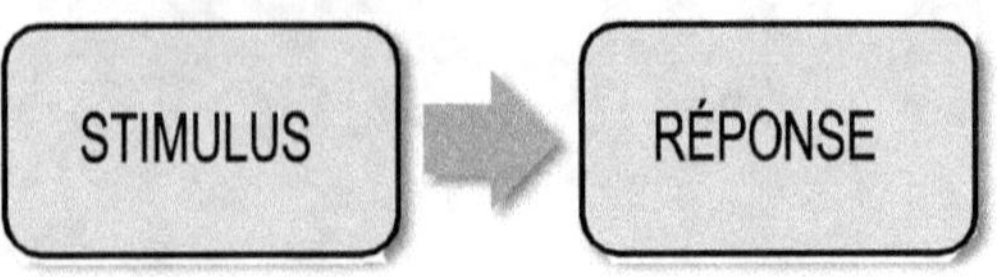

Nous entendons par stimulus la perception de ce qui se passe, en utilisant les sens pour décider plus précisément, mais sans possibilité de réfléchir pour donner une réponse.

Sur Efficientsoccer.com, le professeur Francisco Seirul-lo dit à propos de la prise de décision dans le football:

> *Les théoriciens de la décision passent par trois phases : la perception, l'exécution et la prise de décision. Lorsqu'ils doivent prendre des décisions complexes, ils font cela. Ils perçoivent d'abord l'environnement, l'observent, l'analysent ; ils prennent la décision et l'exécutent. Mais dans le football, il n'y a qu'une seule situation : une idée qui doit être transformée en exécution. Il n'y a qu'une seule phase. Il n'y en a pas trois.*

> *Dans le football, il n'y en a qu'une : exécuter une idée. Est-ce que je veux te surpasser? L'exécution de l'idée. Je ne pense pas à la façon dont je vais te battre. J'en ai parlé à Messi à plusieurs reprises. Et lui, quand il veut prendre son rival (...) (son idée) est de le coincer et d'amener le ballon ailleurs (...) Il ne pense pas comment il va le faire. Il exécute juste simplement une idée. Il ne pense pas, il ne planifie pas. Il court.*

Il faut savoir se concentrer sur ce qui est important, être sélectif.

Le développement de la neuroplasticité nécessite différents types de mémoire :

- Mémoire declarative : capacité à se souvenir d'événements, de chiffres, de stimuli sensoriels et d'histoire.
- Mémoire procédurale : capacité à exécuter des actions motrices complexes apprises antérieurement.

Les entraîneurs doivent essayer de développer une intelligence efficace.

Lorsque nous essayons d'expliquer les tenants et les aboutissants du jeu, nous avons tendance à l'émietter pour pouvoir le comprendre, et ainsi améliorer notre argumentation sur la raison pour laquelle nous faisons l'un ou l'autre dans notre routine méthodologique.

Dans tous les domaines de la vie, lorsqu'une situation échoue, nous la répètons encore et encore jusqu'à ce qu'elle se passe bien, en améliorant ainsi l'exécution. Mais un match de football a une particularité qui le différencie de toute autre activité ou sport : il n'y a pas deux situations différentes qui se répètent dans le temps. Un joueur de football prend constamment des décisions face à différents scénarios. Jusqu'à l'exécution d'un penalty, c'est une action qui change en function : du gardien de but devant lui, du lanceur, de l'état du terrain, de la minute du match, du résultat du match, si c'est le premier qu'il tire ou s'il en a déjà jeté d'autres pendant le match... Il n'y a pas deux pénalités identiques. Je peux apprendre des erreurs que je fais pour ne pas les refaire, et lorsque je rencontre la même situation, mes connaissances et ma capacité à ignorer les stimuli non pertinents, ainsi que ma capacité à identifier les stimuli pertinents, m'aideront à atteindre le résultat souhaité.

Alors, comment former les joueurs? Si quoi que je fasse, je ne pourrai jamais simuler ce qui va se passer dans le jeu ...

Toute action nécessite une interprétation de ce qui se passe, mais elle ne peut pas être réfléchie, car il n'y a pas de temps pour évaluer. Si le joueur s'arrête pour réfléchir, il perdra l'avantage. Les entraîneurs doivent leur donner des outils pour rendre leur exécution efficace et pour que le joueur soit efficace. Les buts valent aussi bien avec l'orteil qu'avec l'intérieur du pied.

Dire que le football se joue avec les pieds, cela revient à penser que les échecs se jouent avec les mains. Lorsqu'un joueur rate une passe dans un match, c'est peut-être parce qu'il a mal exécutée ; mais c'est peut-être aussi parce qu'il est devenu nerveux à cause de la pression de l'adversaire et il s'est précipité, parce qu'il ne portait pas les bonnes chaussures pour la surface sur laquelle se déroulait le match, parce que le partenaire a tardé à décocher, parce qu'il a choisi un coéquipier qui a été marqué ou hors-jeu, car l'adversaire a anticipé son action...

Comment corriger cela ?

Séparer les deux équipes dans une simulation d'action en expliquant au joueur en question comment et où il aurait dû exécuter la passe, je considère que c'est une perte de temps et d'énergie qui ne produira aucune amélioration du joueur ou de l'équipe. Vous devez lui donner un retour rapide et concis et continuer avec ce qui suit. De même, mettre deux joueurs face à face et rejouer de nombreuses passes pour corriger ce qui s'est passé pour essayer d'améliorer le jeu collectif n'est pas très utile car les situations de routine sont oubliées.

Vous apprenez à passer le ballon, à le passer encore et encore dans différentes situations, à bien faire les choses et à faire des erreurs.

Il faut donc préparer le joueur à pouvoir résoudre toutes les actions du jeu, car peut-être que ce qui n'allait pas, ce n'était pas l'exécution de la passe, mais d'autres facteurs liés aux circonstances de l'action. Ce que nous devons faire, c'est préparer les joueurs à pouvoir résoudre des situations de jeu.

La tendance à corriger une erreur est de la travailler de façon isolée pour améliorer les performances, mais l'expérience et la compréhension du jeu en tant que réalité unique indissociable, suggèrent que cette voie ne produit pas d'amélioration du jeu collectif, mais produit une amélioration d'une action isolée, qui ne sera plus jamais répétée au cours de la vie sportive du joueur.

Pour atteindre la perfection des modèles de jeu, les entraîneurs ont tendance à décortiquer le jeu avec des principes, des sous-principes, plus de sous-principes...- qui nous permettent d'expliquer comment notre équipe joue, et cela a pour consequence de perdre nos entraînements à améliorer des facteurs techniques isolés, que nous pensons responsables des erreurs des joueurs. Et il se peut, par exemple, que notre modèle de jeu requiert de nos joueurs des qualités techniques qu'ils n'ont pas, et qu'il ne leur permet pas de montrer leur talent, ou de prendre les bonnes décisions.

De nombreux homologues n'aiment pas enseigner à d'autres entraîneurs dans les cours ; Pour ma part, j'apprécie et je me sens très épanoui de travailler avec des collègues qui ont des opinions différentes des miennes.

Nous les coachs, ne sommes-nous pas trop centrés sur la méthodologie, les charges, les périodes ... et on ne se rend pas compte que le protagoniste n'est pas l'entraînement, mais le joueur ? Ne devons-nous pas réveler le «bon footballeur» au lieu d'essayer que le joueur fasse le meilleur entraînement ?

Dans les étapes d'entraînement, nous aimons enseigner aux jeunes footballeurs à quoi ressemble un coup pour l'exécution de la passe courte, par exemple. Le bon footballeur que nous voulons tous avoir dans notre équipe est celui qui sait quand faire une passe au lieu d'avancer, qui exécute la passe correctement, qui interprète les actions d'un coéquipier, qui anticipe le jeu des adversaires... autrement dit, celui qui prend des bonnes decisions sur le terrain.

Nous, entraîneurs, sommes «esclaves» de notre méthodologie, de nos périodes d'entraînement et de nos emplois du temps de compétition. L'essence du football apporte avec lui le jeu, un jeu qui doit être pour le joueur. Le professeur Julio Garganta parle du talent non pas comme quelque chose qui se découvre, mais quelque chose qui doit être atteint. Le talent doit être favorisé et valorisé. *"Le talent ne se découvre pas avec un détecteur de metal qui bipe lorsque vous l'avez en face de vous"* (Julio Garganta).

Les entraîneurs "... nous ne sommes pas des créateurs d'exercice. L'entraînement donne une impression de jeu. Chaque exercice doit impliquer une connaissance du jeu..." (Óscar Cano, 2010).

Lorsque nous entraînons nos équipes, nous devons concevoir nos sessions d'entraînement. De nos jours une multitude de exercices sont effectuées en essayant de "perturber" la décision et conditionner le joueur dans sa prise de décision: changer la couleur au dernier moment qui lui dit où lancer, dire un nombre et il doit se déplacer à un endroit, utiliser le sifflet et terminer l'action... Je me demande pourquoi dans un «jeu» comme le football, impliquant tant de facteurs que nous voulons que le joueur domine et sache interpréter à tout moment, les stimuli que nous utilisons pour le joueur pendant l'entraînement n'ont rien à voir avec le jeu.

Pendant le jeu, différents processus cognitifs sont coordonnés simultanément avec la vision périphérique.

La vision périphérique est importante, mais savoir se concentrer sur ce qui est pertinent est la clé d'une bonne prise de décision. Il y a un grand nombre d'emplois appliqués dans le domaine de la préparation physique, mais ils sont très éloignés du «jeu» en lui-même.

Dans toutes les facettes du football, nous essayons de copier des choses d'autres sports qui peuvent être plus avancés ou qui ont un degré d'études plus élevé et démontrer le transfert. Le football est différent. Les situations ne se répètent jamais dans le jeu, il n'y a pas deux passes identiques dans un match, il n'y a pas deux coups identiques dans un match, il n'y a pas deux attaques identiques dans un match... Alors, ne serait-il pas préférable de préparer notre équipe à mieux réagir aux situations qui se produisent dans le jeu et aux stimuli de celui-ci, et non aux couleurs, les chiffres, aux tapes, au sifflet ... ?

Je ne veux pas dire par là qu'il n'y a pas de jeux d'activation, que ces types de exercices ne sont pas effectués qui peuvent nous servir à divertir les joueurs ou en tant que dynamique d'équipe, j'exprime simplement que, si nous voulons entraîner du football et tirer davantage parti du entraînements, ceux qui n'ont pas beaucoup d'heures pour pouvoir former nos équipes, devons rendre nos exercices plus transférables dans le jeu.

Il sera toujours préférable de travailler pour que, pendant un exercice, notre équipe continue d'attaquer lorsque l'équipe adverse perd le ballon, qu'elle fasse une passe lorsqu'il y a un mouvement pour démarquer le coéquipier, qui met la pression lorsque l'équipe adverse atteint un endroit ... et nous obtiendrons un transfert plus important vers notre jeu, en fonction de l'équipe où nous sommes, de l'âge ou des capacités des joueurs que nous entraînons et du modèle de jeu que nous voulons développer avec notre équipe.

Vous pourriez débattre que ces stimuli tentent d'«agacer» le joueur pour qu'il s'entraîne à se concentrer sur ce qu'il fait. Mais ce sont des stimuli que vous ne rencontrerez jamais pendant le jeu.

Et si on disait au footballeur à passer le ballon aux joueurs qui essaient de se démarquer ? Certains le feront et d'autres non. Le joueur devra identifier quel est le stimulus (joueur bien démarqué) auquel il doit réagir et passer le ballon avec un avantage pour recevoir, en rejetant tous les autres stimuli (démarquages qui n'ont pas été réalisées). Et si le joueur subit également des pressions de la part d'un joueur adverse, ou si d'autres joueurs sont entre les deux, ou si on place un gardien de but pour le joueur qui reçoit la passe pour marquer, ou nous demandons que si la passe échoue, il doit forcer pour refaire la passe... vous pouvez augmenter la charge cognitive de ce que vous entraînez en utilisant des éléments du jeu. Des stimuli parmi lesquels le joueur devra en sélectionner un, et auxquels il devra réagir et donner une réponse.

Nous pourrons ainsi contextualiser les actions, dans la mesure où nous le jugeons nécessaire et en tenant compte du niveau des joueurs auxquels nous allons exposer les exercices. Contrôler et adapter les charges cognitives.

La théorie de la charge cognitive explique que l'apprentissage d'une exercice nécessite l'utilisatiom de ressources neuronales, telles que l'attention et la mémoire de travail. Si la exercice consomme un niveau excessif de ces ressources, les informations ne seront pas traitées dans leur intégralité, entraînant une diminution de l'apprentissage.,(Pass, Van Gog et Sweller, 2010; Shuggi, Oh, Shewokis et Gentili, 2017).

Nous devons essayer, en tant qu'entraîneurs, que l'entraînement soit un moyen de faciliter l'apprentissage.

Notre objectif en tant qu'entraîneurs est d'aider nos joueurs dans leur processus d'apprentissage que ce soit à l'entraînement, en dñebutant ou à haut niveau, en compétition. Dans le football, peu importe à quel point nous essayons de rendre la compétition aussi saine et éducative que possible dans son initiation, dans un match vous affrontez un adversaire pour le battre, car cela est inhérent au jeu lui-même. Les stimuli et les réponses doivent viser à faire apprendre le joueur et doivent être étroitement liés à ce qui peut se passer dans un match pour que l'apprentissage soit significatif, soit une situation dans laquelle la réponse est toujours la même (par exemple, passer) et cette décision c'est comment passer (long ou court), ou une situation dans laquelle il y a beaucoup de réponses (contre-attaque) et de nombreuses décisions possibles au sein de cette réponse (il peut y en avoir une infinité dans l'exécution).Pour ce faire, la complexité de l'exercice sera étroitement liée à la capacité d'apprentissage et au développement des capacités du joueur ou de l'équipe.

Les exercices les plus analytiques de l'apprentissage sont utilisées pour des améliorations techniques des mouvements. Pour augmenter leur transfert vers le jeu, celles-ci doivent également exiger une prise de décision. Enseigner les gestes techniques dissociés de toutes les variables du jeu, prépare le joueur à avoir de la dextérité dans un coup concret, mais pas à appliquer cette action aux variables du jeu. La réalité est que les joueurs prennent constamment des décisions pendant un match, et s'adaptent à la réalité changeante du jeu.

Deux joueurs de football, l'un en face de l'autre, se passant le ballon à 15 mètres; c'est un exercice qui ne donnera au joueur qu'une amélioration de la passe à cette distance précise et l'apprentissage manquera d'amélioration cognitive. Si dans ce même exercice le coéquipier varie la distance, la vitesse à laquelle il se déplace, ramène le ballon à différentes hauteurs, se déplace entre les cônes, change d'espace ... ou tout autre variable, la décision concernant la passe de balle sera différente et le processus d'apprentissage portera une charge cognitive plus élevée, ce qui aura un impact direct sur l'amélioration du joueur en termes de réponses dans le jeu.

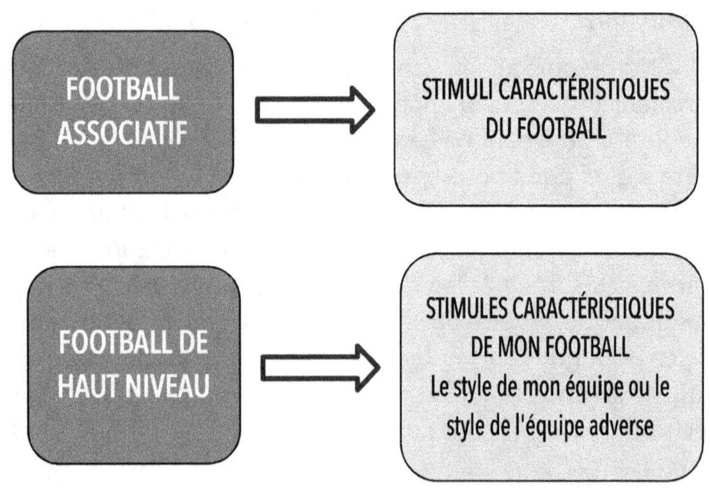

Idéalement, lors de la formation de notre modèle de jeu, l'exercice sera conditionné par les facteurs les plus spécifiques qui apparaîtront dans le match, de sorte qu'il y ait une expérience d'apprentissage et que la réponse soit meilleure et plus rapide.

Il existe de nombreuses règles pour que les exercices et les entraînements aient le résultat souhaité et que dans la formation se passe ce que nous voulons, et ainsi relier les objectifs avec le contenu.

Pour obtenir ce que nous recherchons en formation, je propose trois types de facteurs variables :

- Facteurs humains.
- Facteurs spatio-temporels.
- Facteurs de règles

En utilisant ces facteurs, nous nous chargerons de reproduire les situations souhaitées et de les transférer dans le jeu. Il faut se souvenir que ces facteurs ne peuvent pas être artificiels, ils doivent émaner du jeu en lui-même.

Lorsque nous voulons introduire des **facteurs de variables humaines,** nous utiliserons les ressources humaines à notre disposition pour contextualiser l'entraînement. Par exemple, si je suis contre une équipe avec des défenseurs coriaces, je mettrai toutes les actions dans lesquelles je veux que mon équipe travaille la phase de balle, des défenses avec ces caractéristiques.

Une deuxième possibilité consiste à utiliser des **facteurs variables spatio-temporels**. Par exemple, si nous sommes contre une équipe avec des défenseurs coriaces, nous pouvons réduire les espaces dans lesquels les exercices seront exécutés, afin qu'il y ait plus de situations dans lesquelles les joueurs apprennent à prendre la meilleure décision face à ces défenseurs.

Une troisième option consiste à utiliser des facteurs variables de règles, pour provoquer ce que nous voulons, en introduisant des règles spéciales dans les exercices. Dans ce cas, nous pourrions introduire la règle selon laquelle la première faute commise n'est pas marquée, ce qui oblige l'équipe qui a le ballon à jouer plus rapidement pour éviter les contacts difficiles de l'adversaire.

Parmi les trois types de facteurs variables, celui qui rapproche le footballeur de la réalité du match, est la condition humaine, car elle le rend plus proche de la compétition et plus réelle, en raison de l'imprévisibilité du facteur humain.

Quand on parle d'espace et de temps, et avec l'avènement du soi-disant «style de position» qui a été imposé ces derniers temps, il y a une question sur l'importance de dominer un aspect ou un autre (espace ou temps) pour être supérieur dans un match, et d'imposer notre jeu à l'adversaire.

Les deux facteurs me paraissent importants pour pouvoir m'imposer par rapport aux adversaires. La maîtrise du temps est importante car elle conditionnera l'efficacité de l'occupation des espaces. Et la maîtrise des espaces est importante car elle contribuera à une meilleure interprétation du temps.

La vitesse est considérée dans ses différentes versions : réaction, exécution, décision, adaptation, geste, mouvement ... comme un facteur déterminant au niveau compétitif.

La vitesse est directement liée à ces deux facteurs: l'espace et le temps. Au football, vous ne gagnez pas simplement en faisant les choses rapidement, vous gagnez en faisant les choses "bien" ou mieux que l'autre équipe, à la vitesse nécessaire pour ne pas dépasser votre adversaire. Vous pouvez être moins rapide qu'un adversaire, mais arriver d'abord au ballon, vous pouvez être plus rapide que l'adversaire et ne pas pouvoir prendre le ballon... donc la vitesse sera décisive dans des situations spécifiques qui sont nécessaires, mais le but du football n'est pas d'être plus rapide, mais de marquer plus de buts que l'équipe adverse. Vous affrontez un adversaire et le but est de le battre sur le tableau d'affichage, pour marquer plus de buts dans un temps donné.

La vitesse sous toutes ses formes, que ce soit la vitesse de réaction, la vitesse d'exécution, la vitesse de mouvement, la vitesse de décision... c'est la qualité qui rend les joueurs "différents", et c'est un facteur très conditionné par le génotype. Cela ne veut pas dire que la vitesse ne peut pas s'améliorer avec l'entraînement, mais que le niveau d'amélioration est plus faible qu'à d'autres égards, et qu'elle peut avoir un développement plus ou moins important chez certains individus que chez d'autres, en fonction de facteurs physiques d'origine génétique.

Cependant, celui qui arrive avant le ballon pourra commencer le jeu; celui qui arrive plus tôt empêche le ballon d'entrer dans le but; c'est-à-dire que ceux qui arrivent plus tôt sont plus proches de la victoire. Par conséquent, la bonne interprétation de la vitesse spécifique du jeu fera qu'une équipe gagnera ou perdra un match, et cela nous aidera à être supérieurs à l'équipe adverse. L'équation qui nous rend décisifs est : adversaire-espace-temps. Selon A.Wanceulen Ferrer, A.Wanceulen Moreno, J.F. Wanceulen Moreno en 2008: Dans le football de haut niveau, la vitesse est décisive, elle fait toute la différences. Et j'ajouterai : la vitesse spécifique du jeu contre un adversaire.

Alors, que devons-nous maîtriser dans le football ? L'espace ou le temps ? La réponse est que vous devez dominer l'adversaire, en tirant parti des espaces et du temps, car la mesure ne sera pas la vitesse elle-même, mais la vitesse par rapport à l'adversaire. Les joueurs ou les stratégies qui tirent le meilleur parti des espaces et gèrent mieux le temps dans les matchs seront les plus compétitifs. D'où l'importance d'identifier correctement les indicateurs dans le développement du jeu, car ils nous aideront à identifier plus rapidement ce qui se passe et activeront des fonctions individuelles et collectives coordonnées dans l'espace et le temps conditionnés par l'adversaire.

En appliquant le concept de neuroscience au football, nous ne cherchons pas à rendre les footballeurs plus rapides (même s'ils seront plus rapides dans les décisions qu'ils prennent et dans le temps qu'il faudra pour les prendre). Ce que nous recherchons, c'est que le mécanisme de décision qu'ils développent, les rende capables de bien décider dans le temps nécessaire sur la situation à résoudre et sur l'adversaire auquel ils font face, en fonction de leur perception, de leurs connaissances et de leur expérience.

Cela consiste appliquer les théories de l'apprentissage à la pratique de la formation.

Il n'est pas acceptable qu'après tant de recherches par des spécialistes de la préparation physique et de l'enseignement, les exercices d'entraînement continuent à utiliser des stimuli qui n'ont rien à voir avec le jeu, et génèrent des contextes éloignés de la réalité compétitive que le joueur devra affronter lors des matchs.

Le Dr Robin Jackson, professeur à l'Université de Brunel, a fait passer un scanner un groupe de footballeurs professionnels et les a soumis à un test appelé «test d'occlusion corporelle». Il a effectué ce test pour savoir comment les joueurs anticipent les actions de leurs adversaires. Le système des «neurones miroirs» était à l'origine de la capacité d'anticipation. La capacité d'adaptation s' entraîne, comme toute autre compétence.

La proposition, conformément à ce qui précède, est une application pratique des neurosciences (quelque chose de scientifique) à l'entraînement (quelque chose de pratique) pour l'amélioration de nos joueurs, adaptée à chaque âge ou étape de formation, ce qui nous avec la base scientifique fournie par des études de comportement du cerveau pendant l'apprentissage sportif.

Ainsi, appliquer les bénéfices des neurosciences, les indicateurs et les stimuli que nous utilisons dans les exercices d'entraînement, fera partie du football, de sorte qu'il y ait un plus grand transfert. Il y a une très forte tendance éducative ancrée dans ces concepts et qui se reflète chaque jour dans l'enseignement du sport. Mais cette tendance, si elle n'est pas bien interprétée, peut conduire à des erreurs et ne pas atteindre les résultats escomptés. Le but est que l'entraînement de notre cerveau soit lié au football et que les compétences ou les progrès réalisés aient un impact direct pendant le match.

L'entraîneur devra conditionner les exercices d'entraînement, en utilisant les facteurs variables d'espace et de temps, pour obtenir le résultat souhaité.

Il convient de noter que dans le développement de l'apprentissage il y a différentes étapes (en raison de l'évolution des joueurs). Par conséquent, les entraîneurs devront prendre comme référence la capacité cognitive des joueurs, afin de pouvoir choisir correctement, et adapter les exercices à chaque étape de formation.

Même si les exercices ont un objectif technique ou tactique, ce ne sera pas l'important. Le but des exercices est qu'il y ait un entraînement de notre cerveau pour que la décision face à des stimuli ou à des adversités nous donne une réponse motrice efficace, régulée par les émotions, et que les joueurs sachent se concentrer sur le plus important avec une interprétation qui les amène à décider sans réfléchir, à la volée, intuitivement, et que tout cela mènera à l'apprentissage.

La plupart des exercices qui suivront seront l'amélioration des passes, le tir et le contrôle, en pensant à l'initiation de l'apprentissage comme exemple de la proposition. À la fin, j'en développerai certains avec des objectifs défensifs, et d'autres objectifs plus complexes, pour illustrer ce qui peut être réalisé pour l'apprentissage de n'importe quel contenu, le modèle de jeu, la stratégie d'un match, ou pour le développement du jeu en général.

SYMBOLIQUE

JOUEURS ÉQUIPE A	
JOUEURS ÉQUIPE B	
JOUEURS ÉQUIPE C	
MOUVEMENT DE JOUEUR	
PREMIÈRE TOUCHE DIRIGÉ	
MOUVEMENT DE LA BALLE	
MOUVEMENT DE LA BALLE	
MOUVEMENT DE LA BALLE EN L'AIR	
TIR	
BALLE	

LES NEUROSCIENCES APPLIQUEES AU FOOTBALL

100 EXERCICES D'ENTRAÎNEMENT

Exercice N° 1	Objectif Principal	Amélioration de la passe
	Joueurs	2

Explication

-27-

Les joueurs passent le ballon par paires et à droite ou à gauche du cône ou de la silhouette, en tenant compte de l'endroit où le partenaire « se démarque».

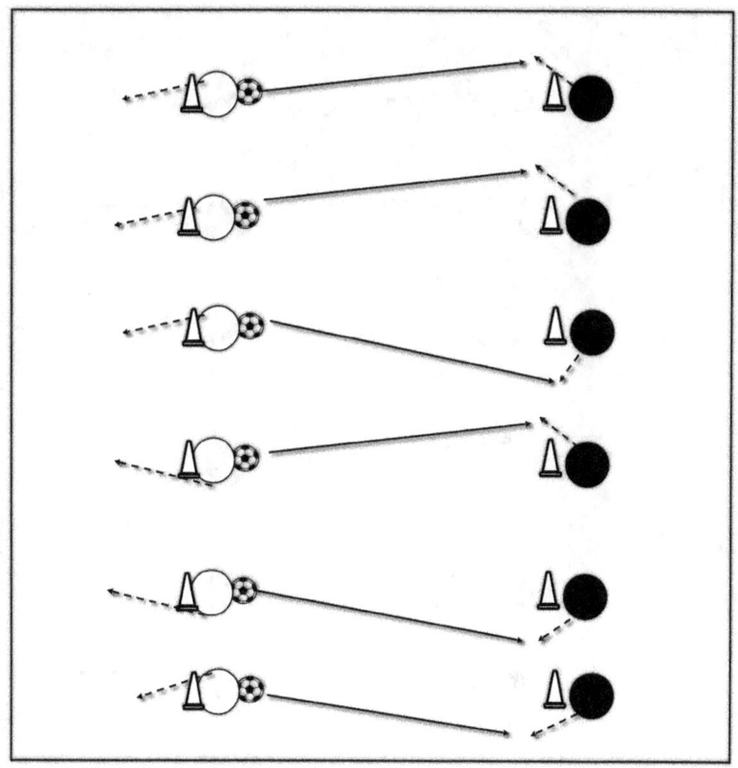

Exercice N° 2	Objectif Principal	Amélioration de la passe
	Joueurs	2

Explication

Les joueurs passent le ballon par paires en passes courtes ou longues, en partant du cône ou de la silhouette, en faisant attention à l'endroit où le coéquipier qui n'a pas le ballon est «se démarque».

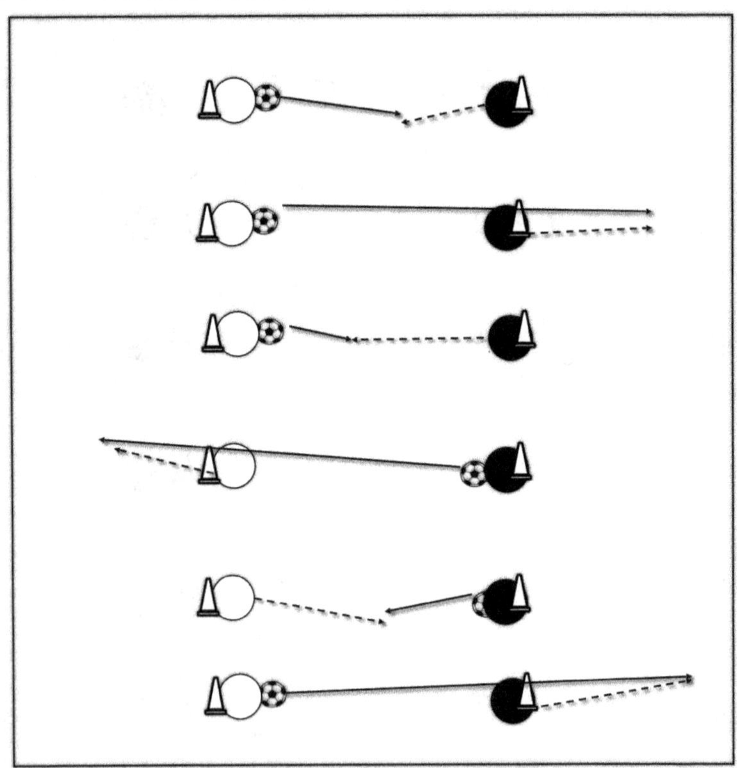

Exercice N° 3	Objectif Principal	Amélioration de la passe
	Joueurs	7

Explication

Les joueurs situés comme sur l'image, suivent la séquence de passes suivante. 1-2-1-3- 4-5-4-6-7. En partant toujours de l'arrière du cône ou de la silhouette, ils passent devant, ils sortent à droite ou à gauche (de manière aléatoire) bien délimités pour recevoir et passer.La rotation sera 1-2-3-4-5-6-7.

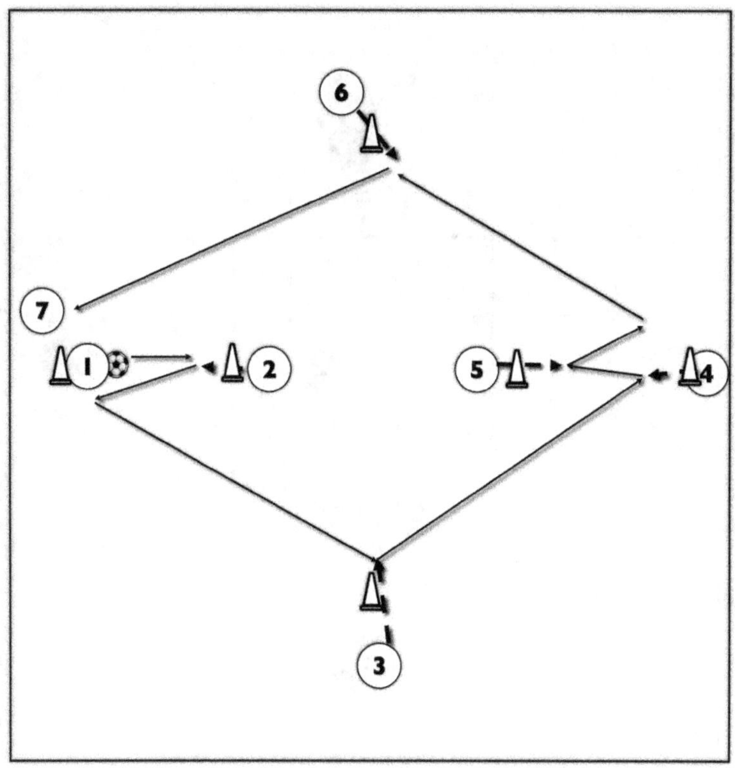

Exercice N° 4	Objectif Principal	Amélioration de la passe
	Joueurs	5 (1x4)

Explication

Un joueur dans le carré et les quatre autres derrière les cônes ou silhouettes sauf celui qui "se démarque", reçoit du jour dans le carré, renvoie le ballon et revient à sa place, un autre démarque et celui du centre passe toujours au démarqué (qui ne saura pas qui c'est et ça changera).

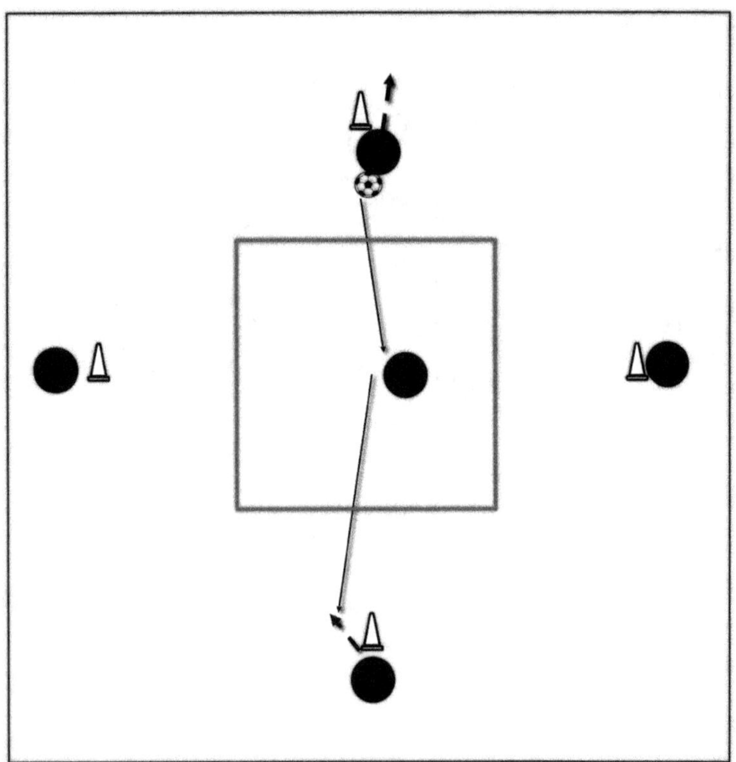

Exercice N° 5	Objectif Principal	Amélioration de la passe
	Joueurs	11

Explication

Un joueur dans le carré et ses coéquipiers seront de chaque côté, tous marqués sauf un. Lorsqu'il reçoit, il devra revenir et passer au coéquipier qui n'est pas marqué, qui lui rendra le ballon pour qu'il se retourne et passe au coéquipier qui est libre. Les joueurs sans marque changeront.

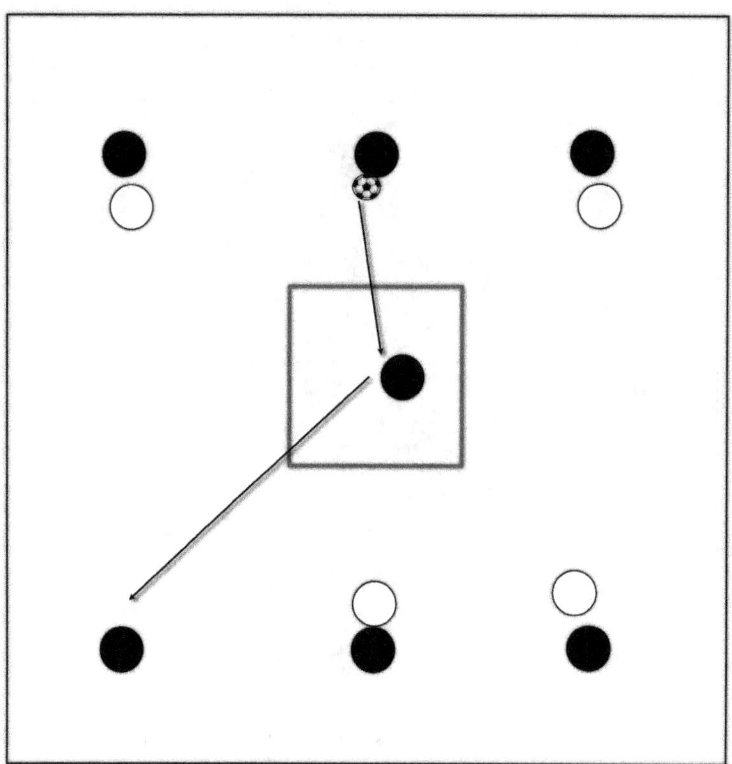

Exercice N° 6	**Objectif Principal**	Amélioration de la passe
	Joueurs	15

Explication

Un joueur dans le carré et les coéquipiers à l'extérieur seront marqués sauf deux (celui qui a passé le ballon et un autre). Lorsqu'il reçoit, il devra passer au coéquipier qui n'a pas de marque, qui lui rendra le ballon pour qu'il le passe au nouveau coéquipier qui est libre. Les joueurs sans marque changeront.

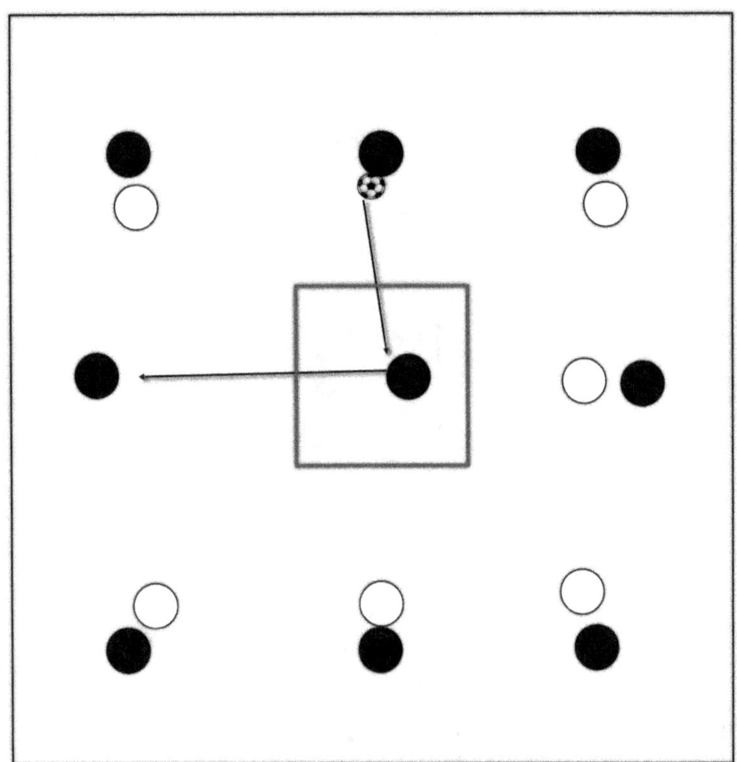

Exercice N° 7	Objectif Principal	Amélioration de la passe
	Joueurs	15

Explication

Un joueur dans le carré et les coéquipiers à l'extérieur seront marqués sauf deux (celui qui a passé le ballon et un autre) qui ne seront pas marqués. Lorsqu'il reçoit, il devra passer au coéquipier qui n'a pas de marque, qui lui rendra le ballon pour qu'il le passe au nouveau coéquipier qui est libre. Les joueurs sans marque changeront.

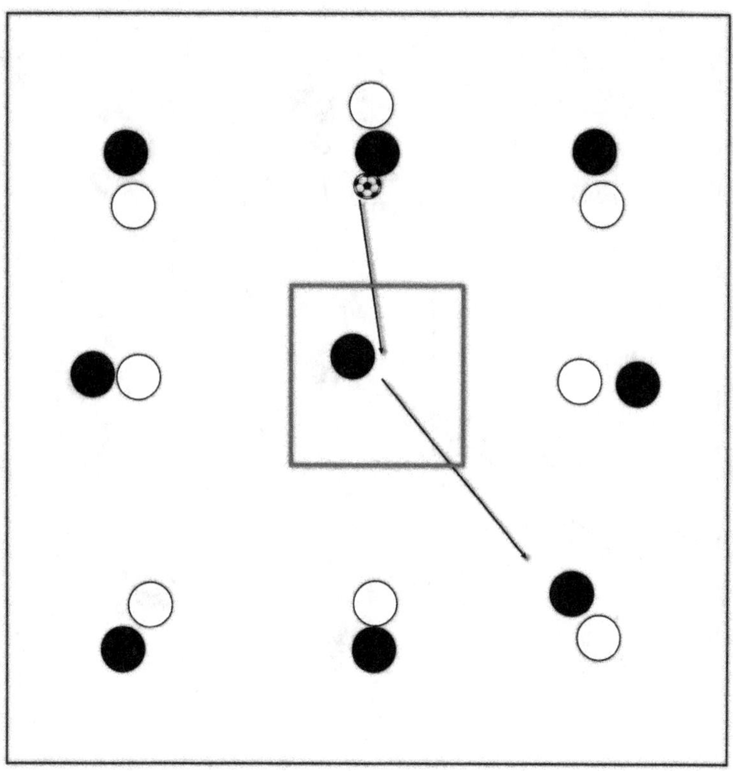

Exercice N° 8	Objectif Principal	Amélioration de la passe
	Joueurs	17

Explication

Un joueur dans le carré et les coéquipiers à l'extérieur seront marqués sauf celui qui passera le ballon. Un joueur de l'équipe adverse laissera sa marque et ira faire pression sur lui, en débloquant un coéquipier à qui il passera le ballon (celui du centre) lorsqu'il le recevra. Les joueurs sans marque changeront et celui qui est allé faire pression reviendra à sa marque lorsqu'il recevra le joueur du centre.

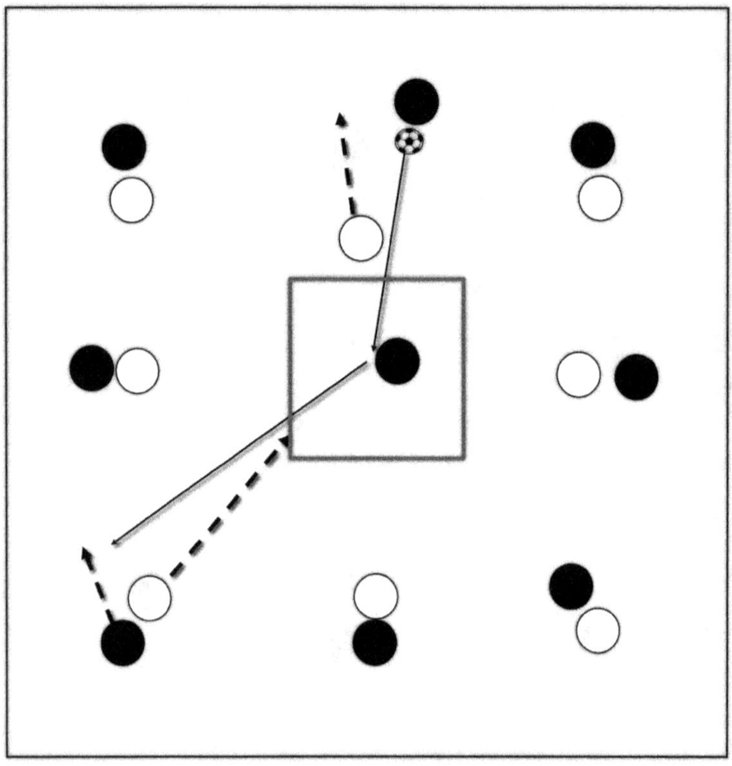

Exercice N° 9	Objectif Principal	Amélioration de la passe
	Joueurs	21

Explication

Un joueur dans le carré et les coéquipiers à l'extérieur se déplaceront avec des marques individuelles et essaieront de se démarquer. Le joueur au centre passera au joueur qui parvient à se démarquer, s'il reçoit les rôles seront inversés.

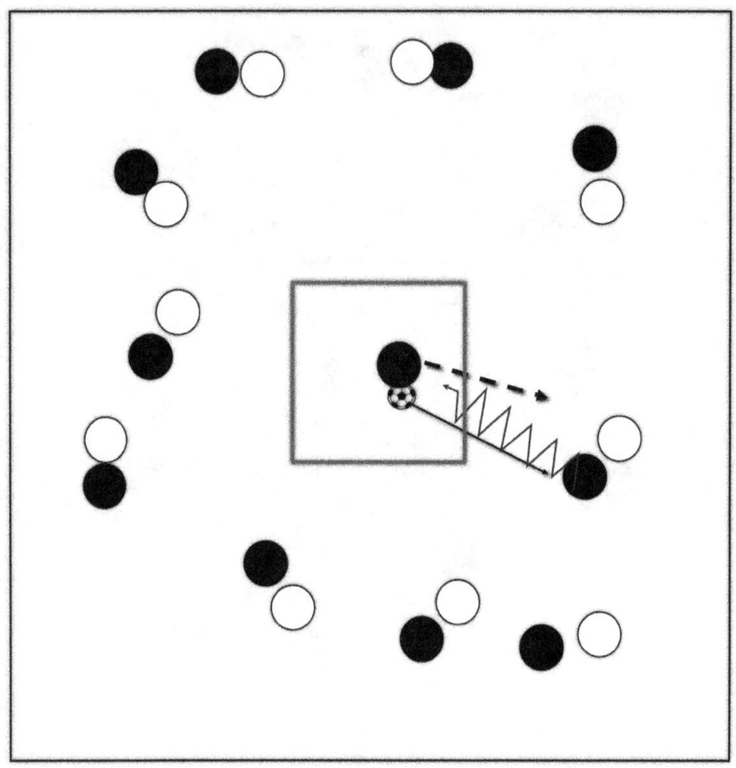

Exercice N° 10	Objectif Principal	Amélioration de la passe
	Joueurs	21

Explication

Un joueur dans le carré et les coéquipiers seront en mouvement avec des marques individuelles. Lorsqu'un joueur de l'équipe adverse entre sur le carré pour lui prendre le ballon, il passe au coéquipier libéré qui se démarquera pour recevoir et ils changeront de rôle lorsqu'il recevra.

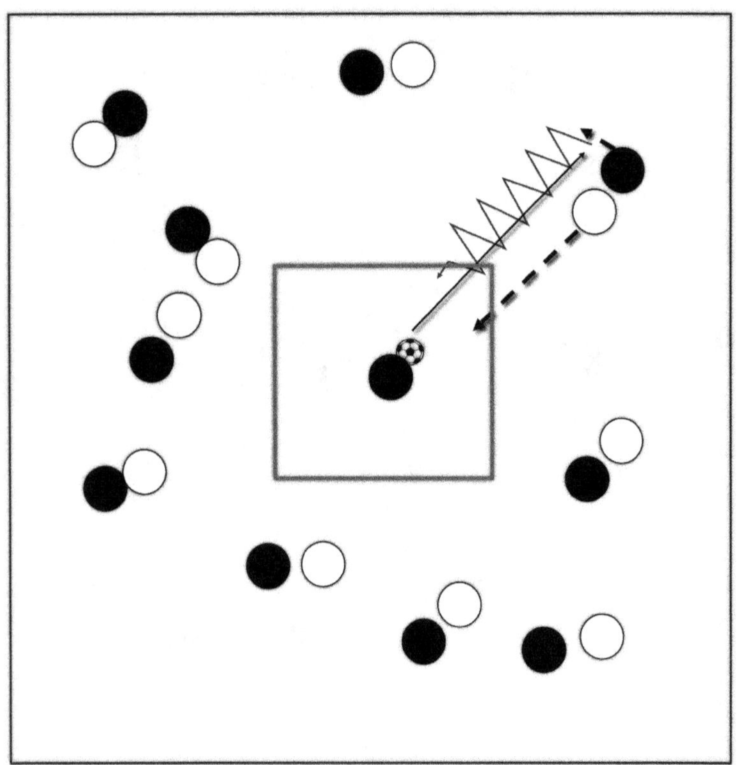

Exercice N° 11	Objectif Principal	Amélioration de la passe
	Joueurs	13

Explication

Un joueur dans le carré et les autres joueurs placés comme sur l'image. Lorsque le ballon est passé au joueur du carré, un joueur se démarque pour appui ou rupture (courte ou longue) et le joueur du carré doit lui passer la balle, il renvoie la balle, retourne à sa place et un autre joueur se démarque. Les joueurs alterneront qui se démarque et vers où.

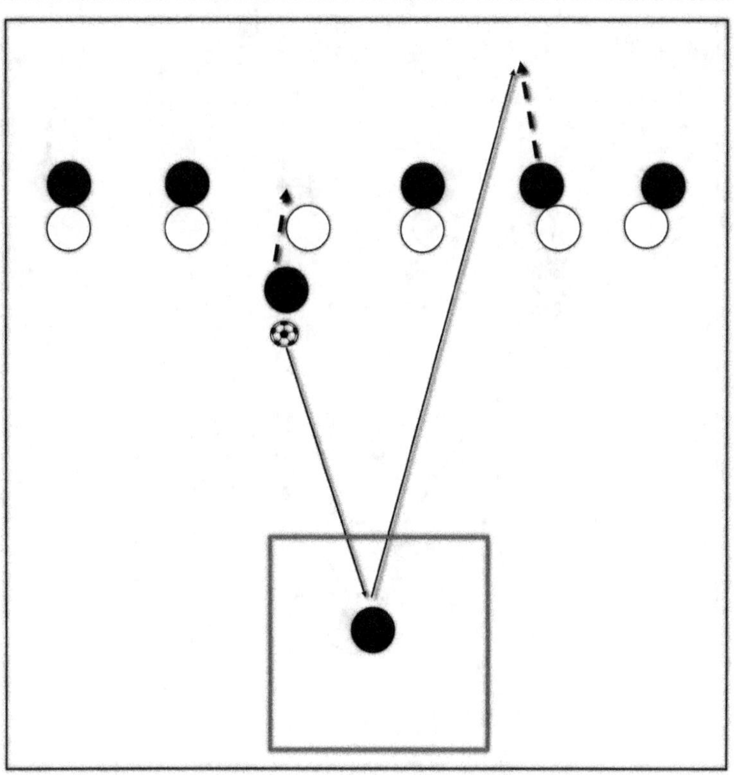

Exercice N° 12	Objectif Principal	Amélioration de la passe
	Joueurs	17

Explication

Un joueur dans le carré et les autres joueurs placés comme sur l'image. Lorsque le ballon est passé au joueur du carré, un joueur se démarque pour appui ou rupture (courte ou longue) et il doit passer la balle au le joueur du carré, il reçoit, passe le ballon au joueur du carré, retourne à sa place et un autre joueur se démarque. Les joueurs alterneront qui se démarque et vers où. Lorsque le joueur reçoit dans le carré un joueur des coins fera pression pour qu'il ne puisse pas passer, en alternant dans chaque action celui qui la fait.

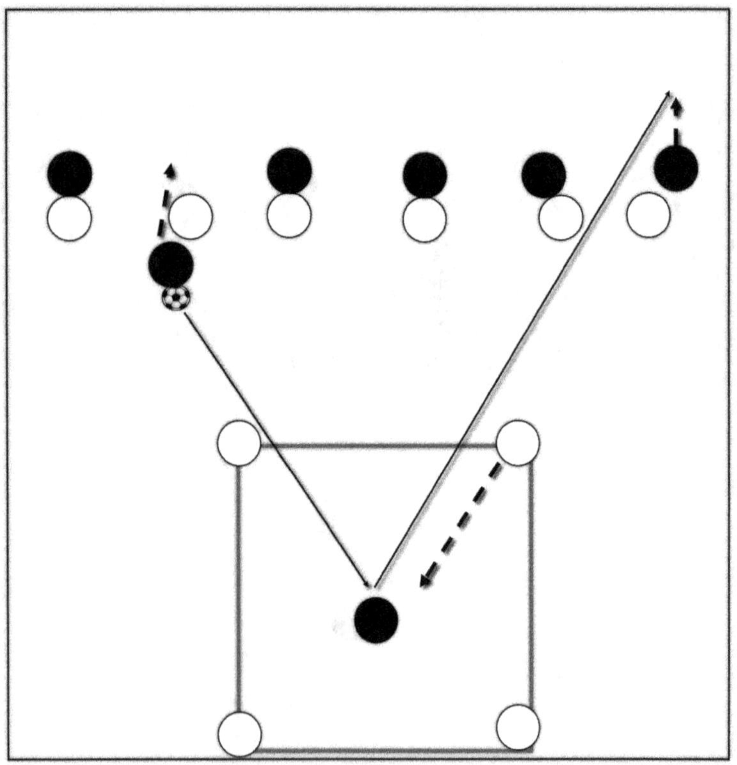

Exercice N° 13	Objectif Principal	Amélioration de la passe
	Joueurs	4

Explication

-39-

Placés comme sur l'image. Les joueurs passent le ballon et ils occupent le corner qui est libre. Les joueurs doivent toujours être bien démarqués et prêts à recevoir.

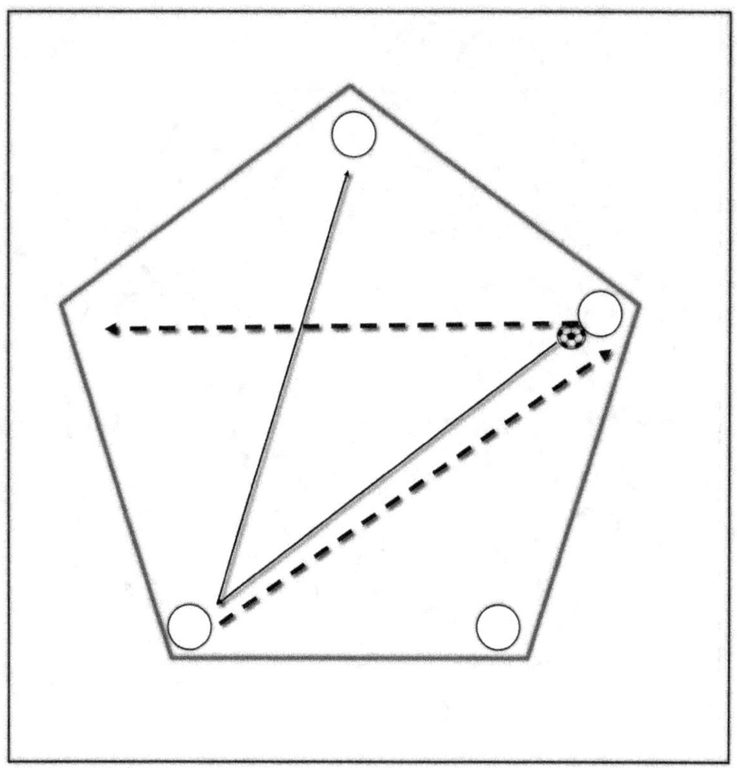

Exercice N° 14	Objectif Principal	Amélioration de la passe
	Joueurs	5

Explication

Placés comme sur l'image. Les joueurs passent et occupent le côté libre. Les joueurs doivent toujours être disposés à recevoir et bien démarqués.

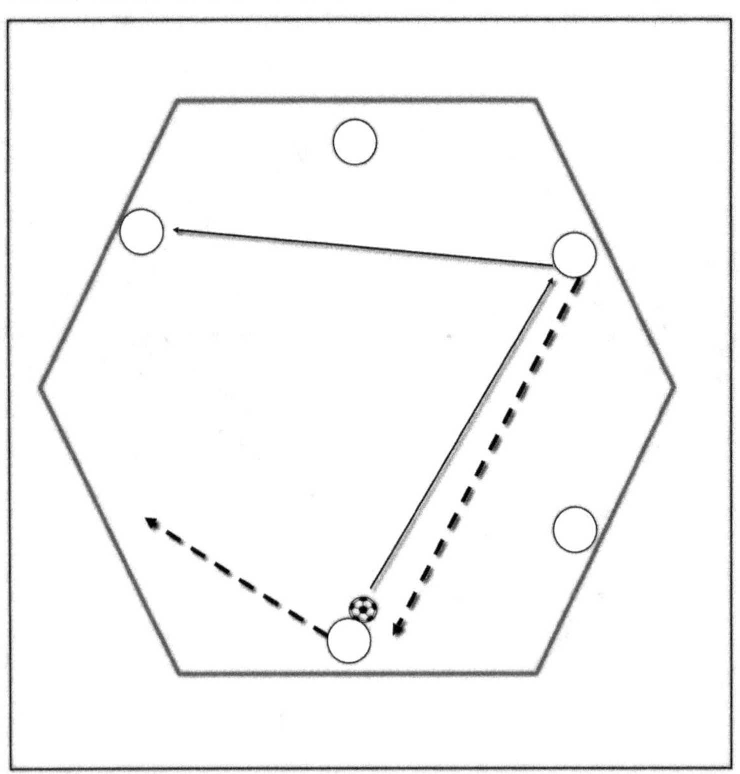

Exercice N° 15	Objectif Principal	Amélioration de la passe
	Joueurs	3 (2x1)

Explication

Les joueurs placés comme sur l'image se passeront le ballon entre eux et au centre un joueur tentera d'intercepter la passe, il pourra se déplacer latéralement dans le couloir.

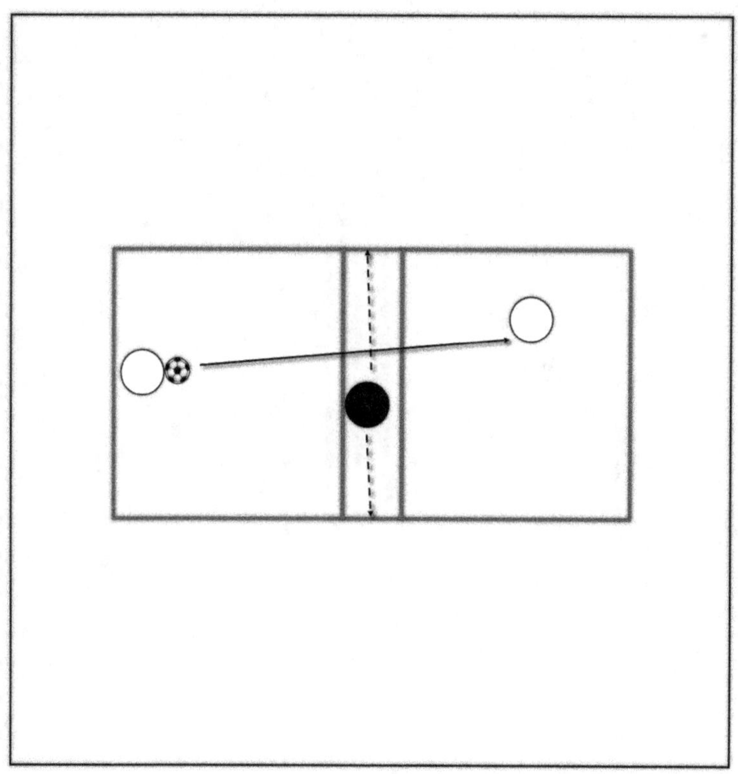

Exercice N°16	Objectif Principal	Amélioration de la passe
	Joueurs	3 (2x1)

Explication

Les joueurs sont placés comme sur l'image. Ils passeront le ballon au coéquipier lorsque le joueur du couloir entre sur le carré pour prendre le ballon. S'il la prend de celui du couloir, il change de rôle avec le joueur qui a perdu. S'ils récupèrent ou interceptent, les rôles changent.

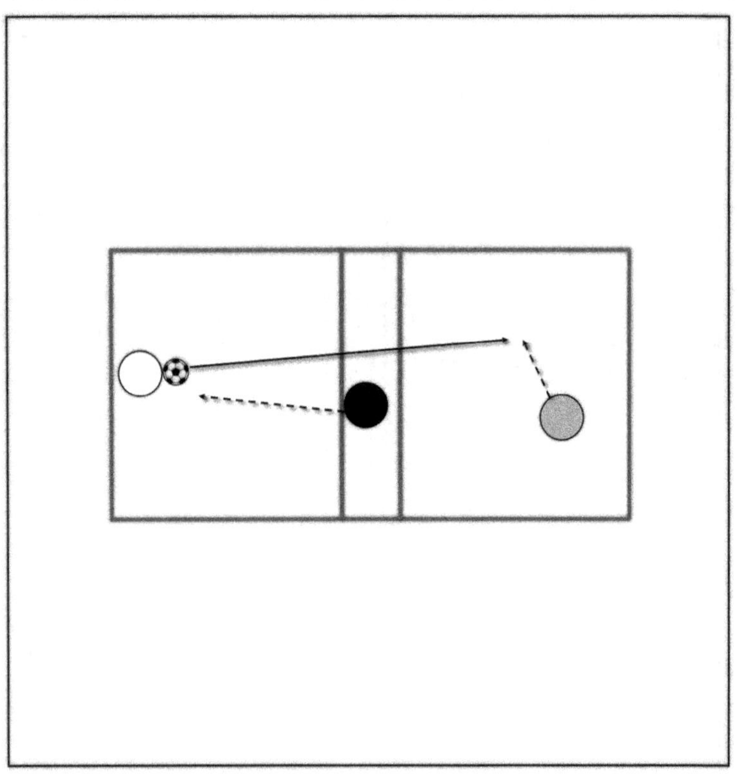

Exercice N° 17	Objectif Principal	Amélioration de la passe
	Joueurs	4 (2x2)

Explication

Les joueurs placés comme sur l'image passeront le ballon entre eux, au centre un joueur tentera d'intercepter la passe, en se déplaçant latéralement dans le couloir et un autre fera pression lorsqu'il recevra. Le joueur qui fait pression sur un carré intercepte depuis le centre lorsque la balle est dans l'autre.

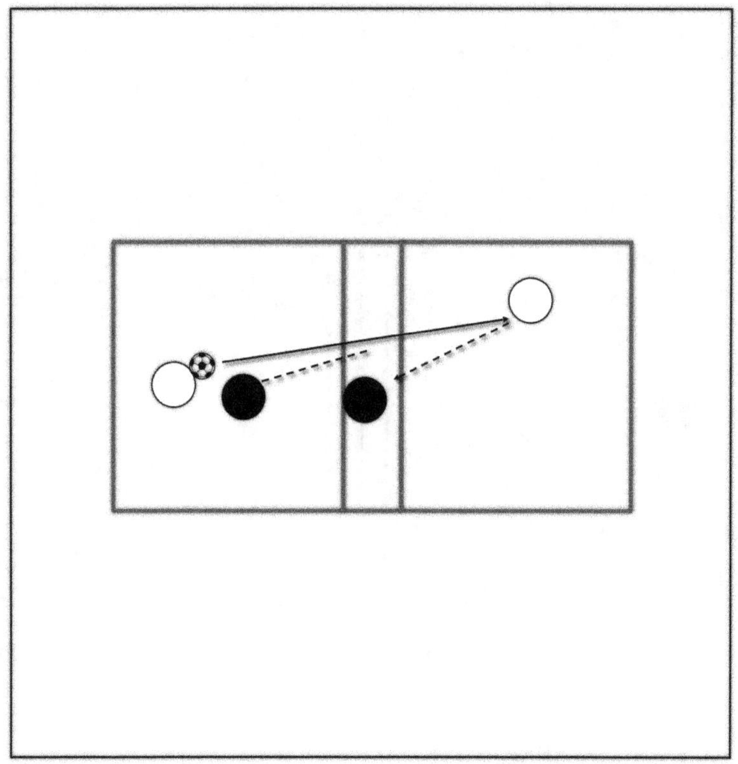

Exercice N° 18	Objectif Principal	Amélioration de la passe
	Joueurs	5 (2x3)

Explication

Les joueurs placés comme sur l'image passeront le ballon entre eux, au centre un joueur tentera d'intercepter la passe, en se déplaçant latéralement dans le couloir et un autre derrière chacun d'eux entrera pour faire pression lorsqu'ils recevront, quand le ballon n'est pas dans le carré ils doivent être dehors..

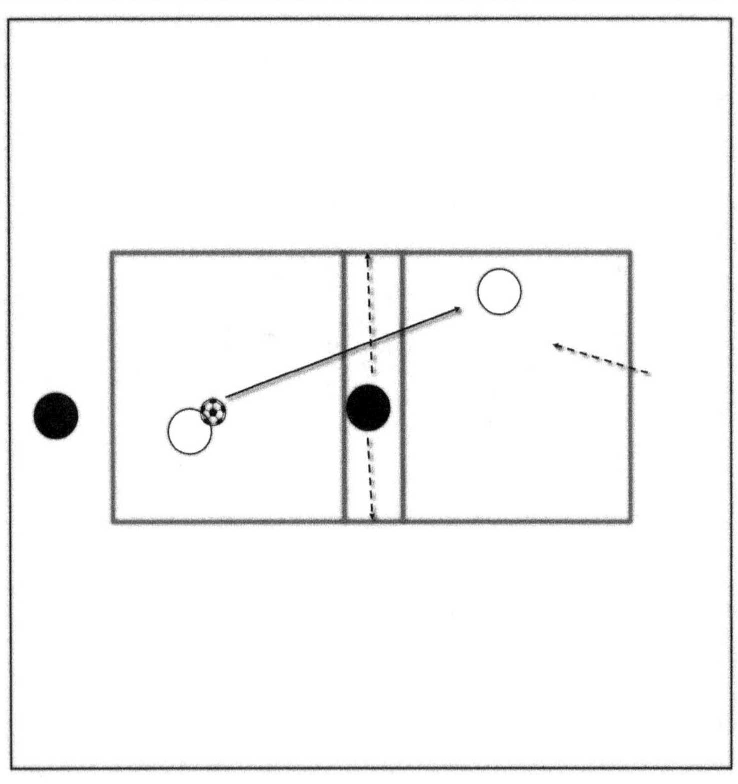

Exercice N° 19	**Objectif Principal**	Amélioration de la passe
	Joueurs	3

Explication

Les joueurs placés comme sur l'image se passeront le ballon entre eux, au centre un joueur tentera d'intercepter la passe et pourra se déplacer latéralement dans le couloir. Le joueur numéro 3 devra se démarquer du couloirr pour réceptionner et renvoyer le partenaire.

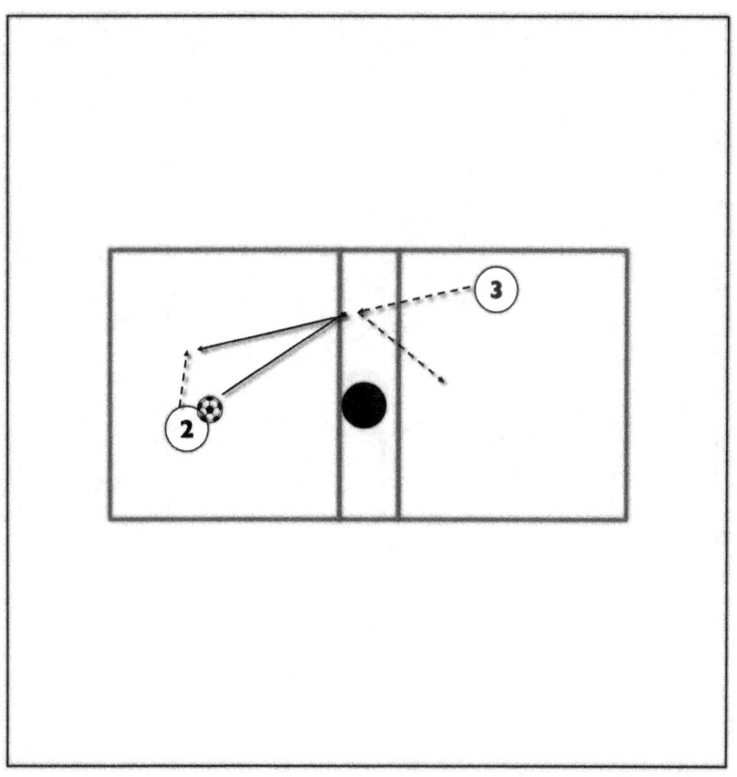

Exercice N° 20	Objectif Principal	Amélioration de la passe
	Joueurs	4 (2x2)

Explication

Les joueurs sont placés comme sur l'image. Les joueurs de l'équipe blanche se passeront le ballon entre eux, au centre un joueur tentera d'intercepter la passe, en se déplacement latéralement dans le couloir et un autre dans la zone où se trouve le joueur numéro 3. Le joueur numéro 3 devra se démarquer dans l'un des couloirs pour réceptionner et renvoyer au co-équipier. Le joueur 2 ne pourra jouer que dans l'allée centrale ou dans son carré.

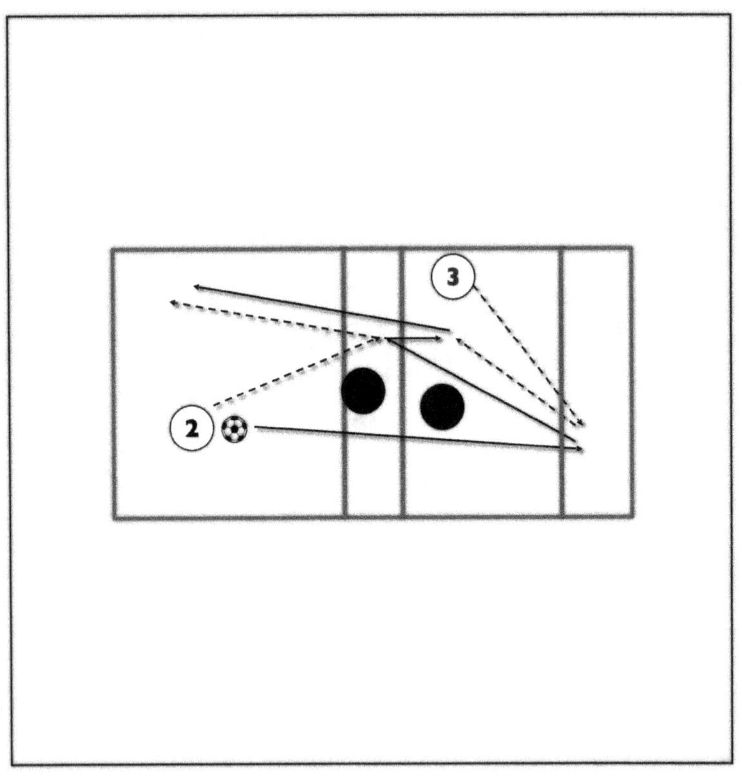

Exercice N° 21	Objectif Principal	Amélioration de la passe
	Joueurs	9 (2x1+6)

Explication

Les joueurs placés comme sur l'image se passeront le ballon entre eux, au centre un joueur tentera d'intercepter la passe en se déplaçant latéralement dans le couloir et les trois autres qui sont autour de chacun d'eux essaieront d'anticiper les passes sans pouvoir entrer pour faire pression.

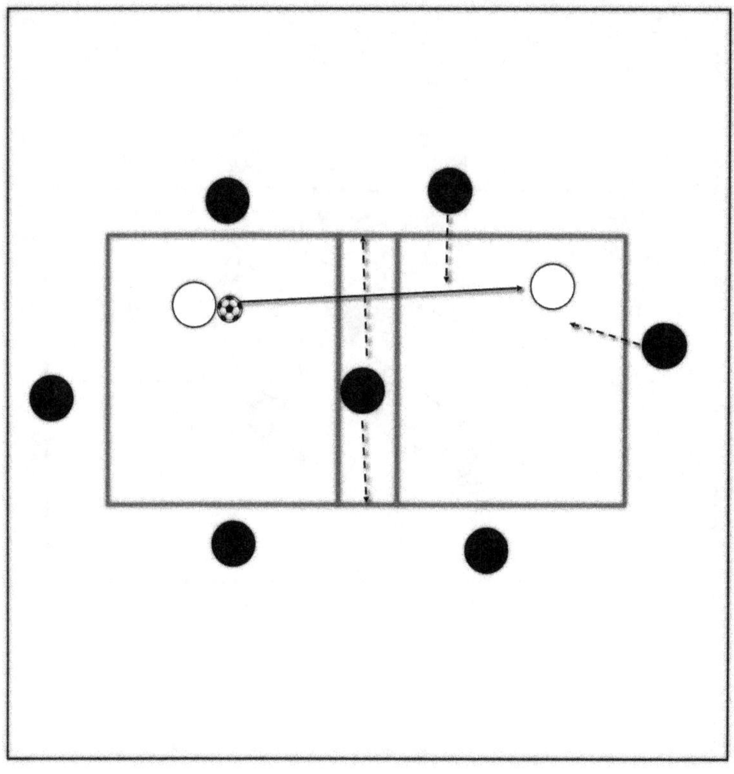

Exercice N° 22	Objectif Principal	Amélioration de la passe
	Joueurs	5 (2x3)

Explication

Les joueurs placés comme sur l'image passeront le ballon entre eux, au centre un joueur tentera d'intercepter la passe, en se déplaçant latéralement dans le couloir et en échangeant de position avec les deux autres joueurs qui se trouvent dans l'une des zones. Les joueurs qui passent occuperont et iront dans l'espace que les rivaux leur laisseront libre, ceux-ci pourront changer de zone pendant la passe, seulement avant qu'elle se produise, mais ils pourront intercepter à tout moment dans leur zone.

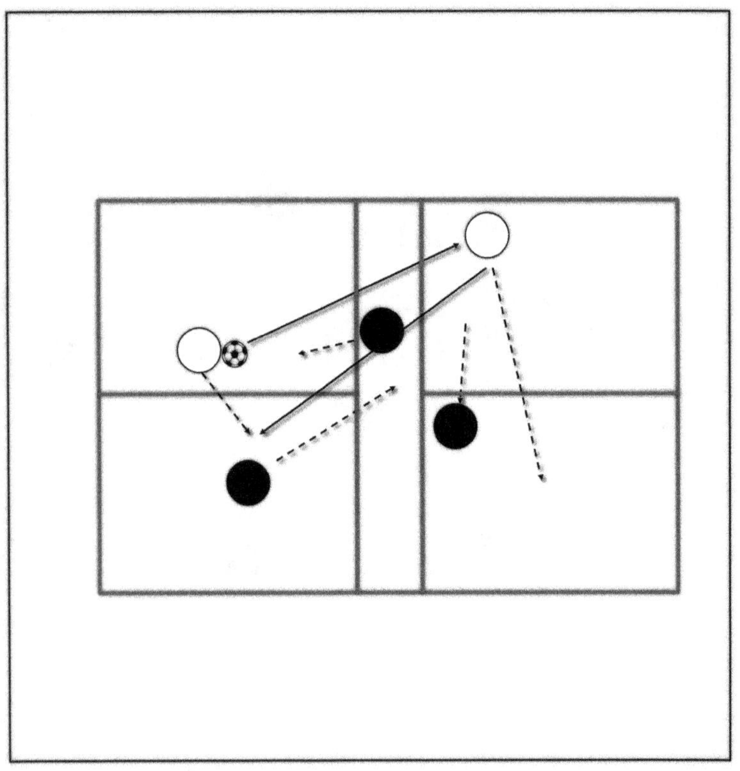

Exercice N° 23	Objectif Principal	Amélioration de la passe
	Joueurs	7(4x3)

Explication

Les joueurs placés comme sur l'image se passeront le ballon entre eux, au centre les joueurs, chacun dans un couloir, tenteront d'intercepter la passe, en se déplaçant latéralement dans leur couloir.

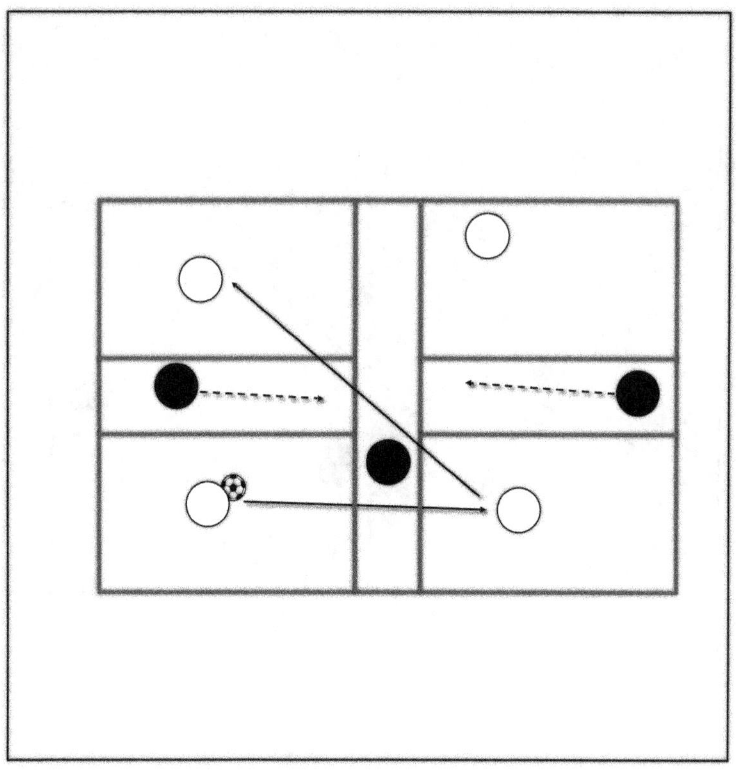

Exercice N° 24	**Objectif Principal**	Amélioration de la passe
	Joueurs	7(4x3)
	Explication	

Les joueurs placés comme sur l'image passeront le ballon entre eux, au centre les joueurs chacun dans un couloir tenteront d'intercepter la passe, en se déplaçant latéralement dans leur couloir et un pourra rentrer pour faire pression dans la zone des joueurs de l'équipe blanche.

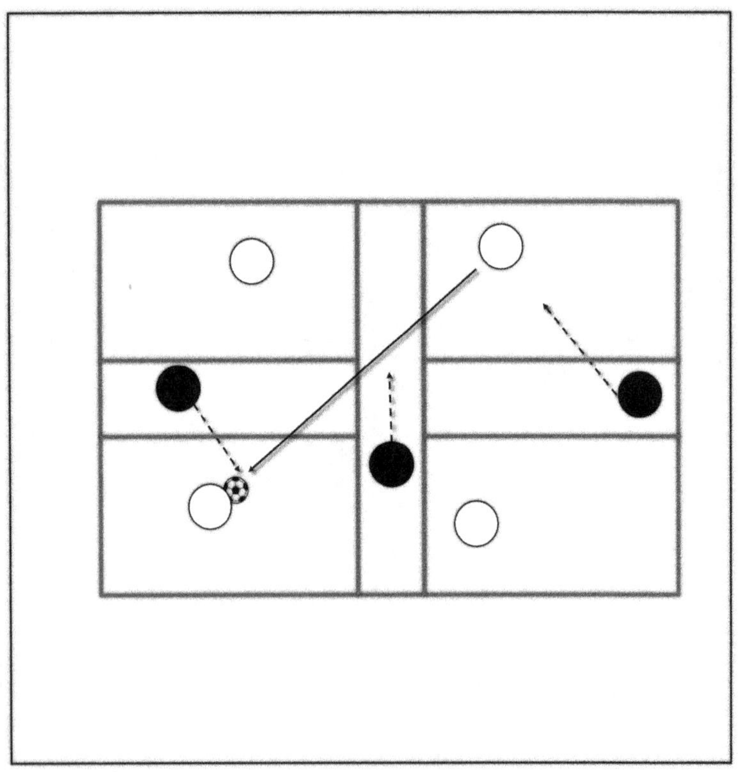

Exercice N° 25	Objectif Principal	Amélioration de la passe
	Joueurs	7 (4x3)

Explication

ils ont un joueur libre dans un carré. Le joueur qui a le ballon (blanc), sera pressionné par un joueur, qui laissera libre un coéquipier dans un carré.

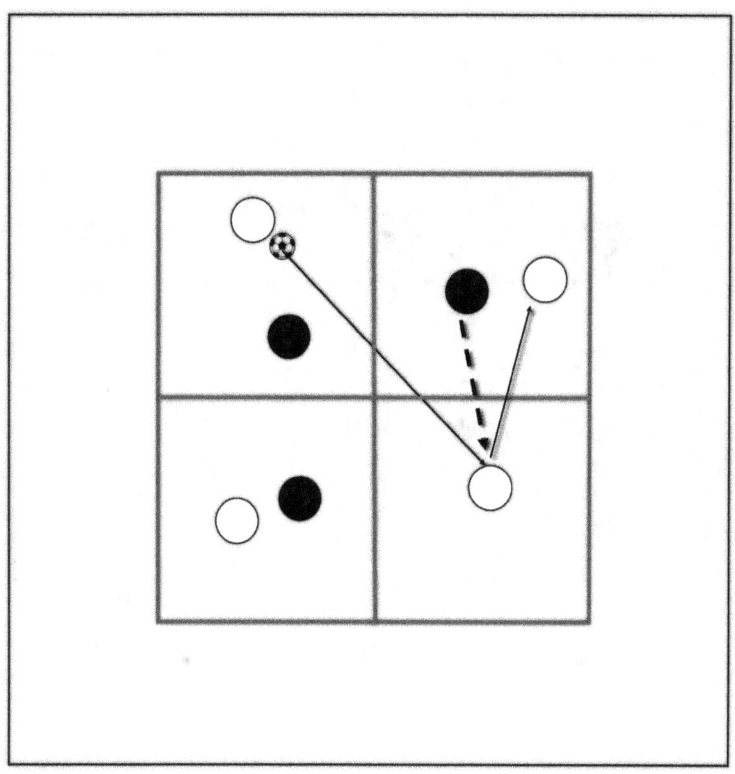

Exercice N° 26	Objectif Principal	Amélioration de la passe
	Joueurs	20

Explication

A l'intérieur de la surface, les joueurs se passent le ballon par paires et deux paires se passent le ballon par les côtés en essayant d'atteindre le coéquipier sans toucher les balles ou les joueurs qui se trouvent à l'intérieur du rectangle. Si le ballon touche l'un de ceux qui sont à l'intérieur, ceux en-dehors échangent de rôle avec ceux à l'intérieur.

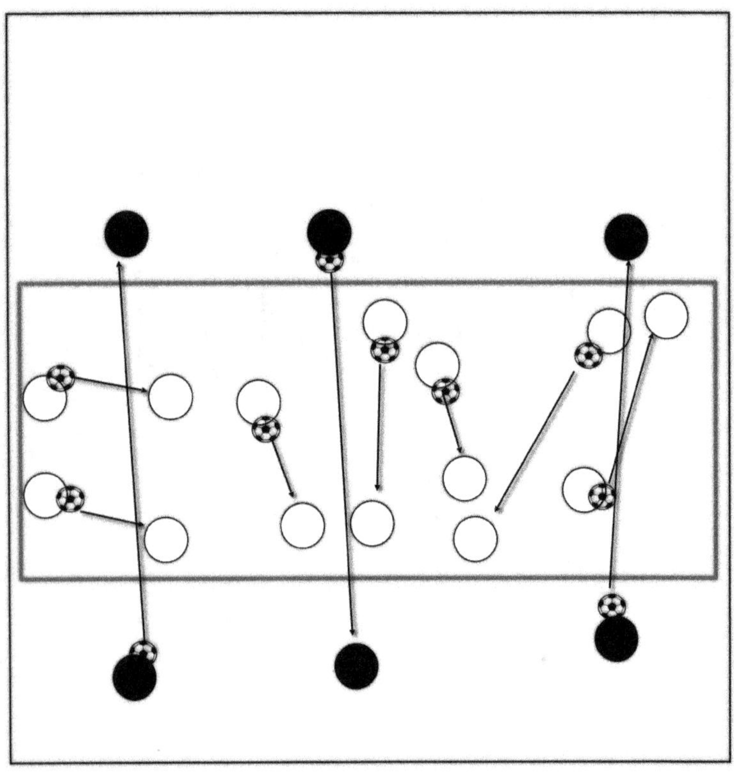

Exercice N° 27	Objectif Principal	Amélioration de la passe
	Joueurs	13

Explication

Dans la position de l'image, les joueurs passent au coéquipier devant eux et trois joueurs tentent de l'intercepter. S'ils interceptent, les rôles changent.

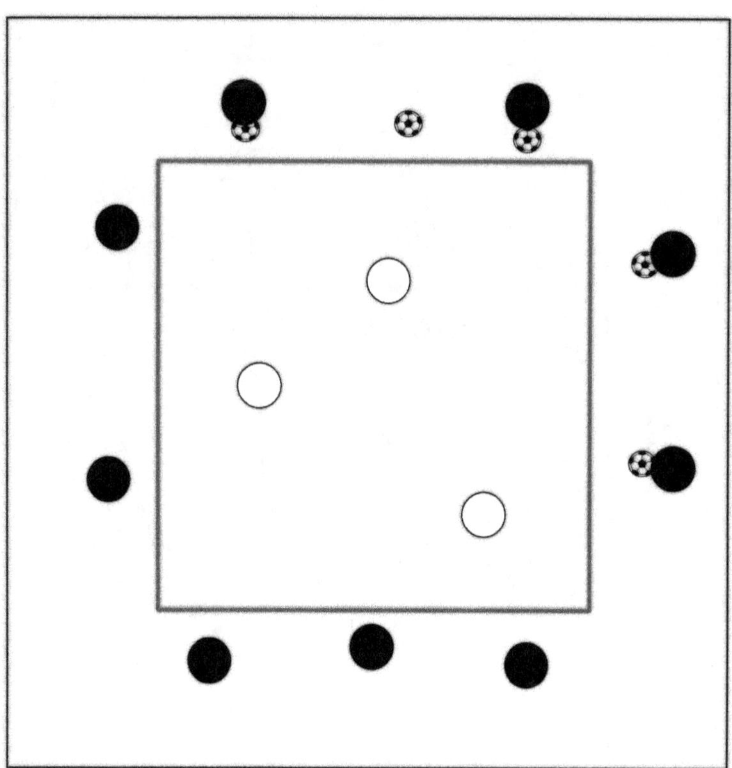

Exercice N° 28	Objectif Principal	Amélioration de la passe
	Joueurs	22

Explication

A l'intérieur d'un rectangle les joueurs se passent le ballon par paires et 10 joueurs en-dehors autour du rectangle, ils ne peuvent entrer que pour intercepter les passes, ils ne peuvent pas entrer pour faire pression. Le joueur qui intercepte la passe changera de rôle avec le joueur à l'extérieur.

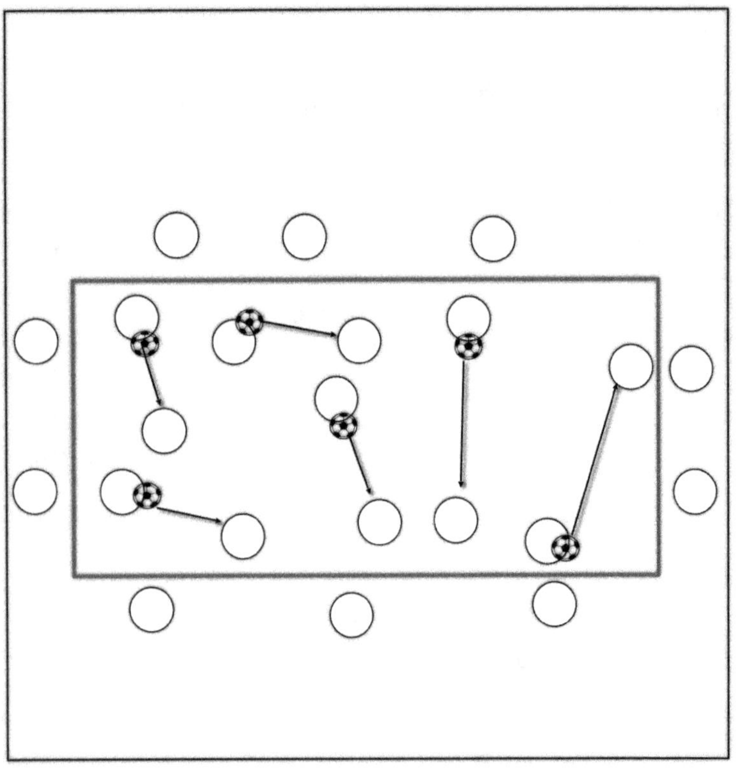

Exercice N° 29	**Objectif Principal**	Amélioration de la passe
	Joueurs	2 (1+1)

Explication

Le joueur qui n'a pas le ballon se dirige vers l'un des cônes et celui qui a le ballon fait la passe au joueur vers lequel il se dirige.

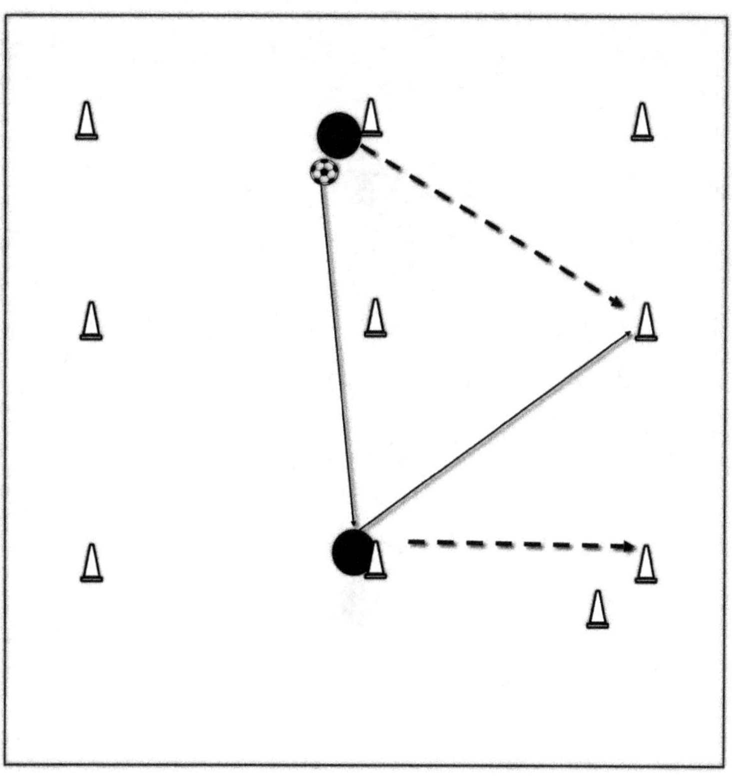

Exercice N° 30	Objectif Principal	Amélioration de la course
	Joueurs	2

Explication

Les joueurs vont vers le cône central et celui qui arrive le premier va d'un côté et l'autre de l'autre. Ils ne peuvent pas tous les deux aller du même côté.

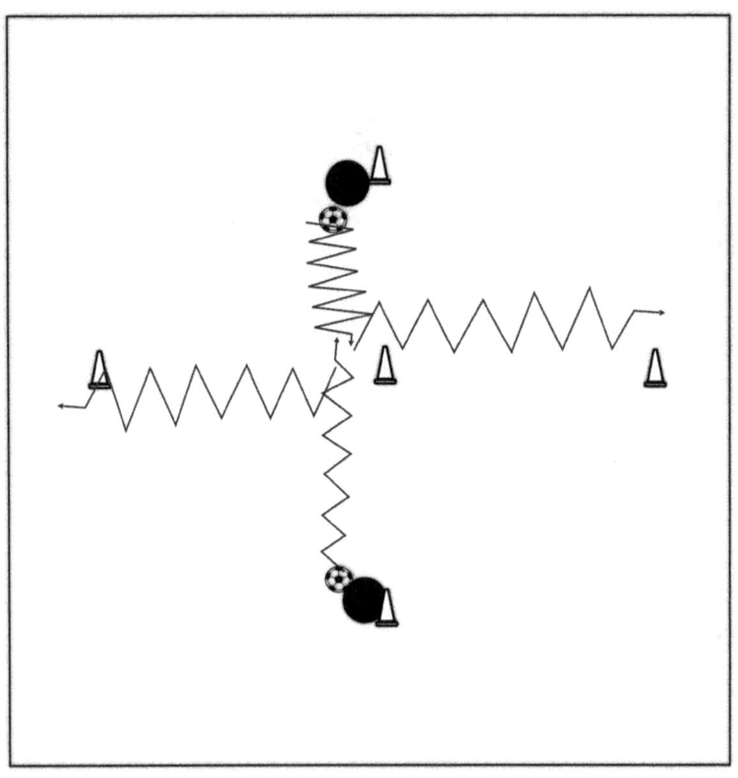

Exercice N° 31	**Objectif Principal** Amélioration de la course avec ballon
	Joueurs 2

Explication

-57-

Les joueurs vont au cône central et le joueur avec le ballon devra se rendre du côté opposé (cône) du joueur sans ballon.

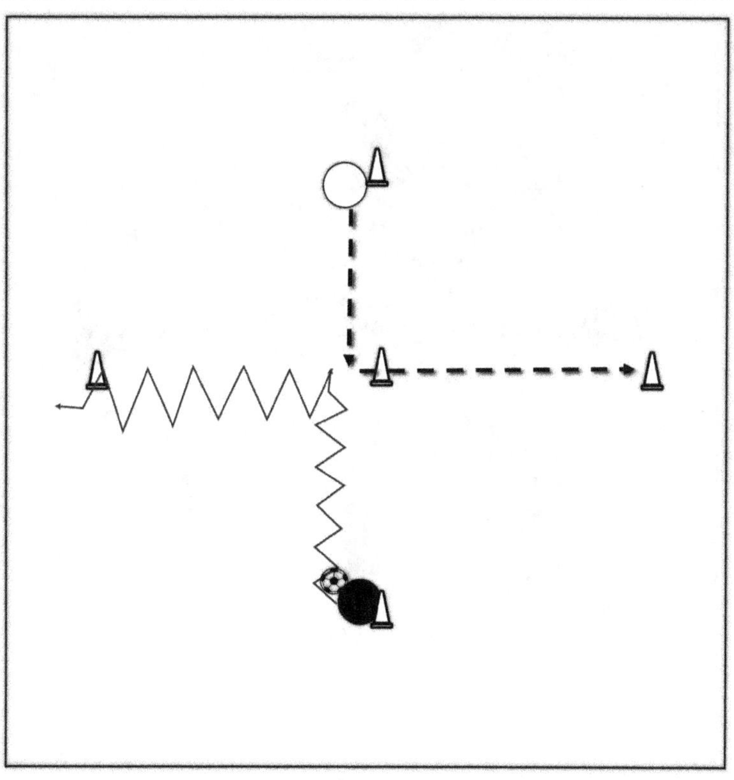

Exercice N° 32	**Objectif Principal** Amélioration de la course avec ballon	
	Joueurs	4

Explication

Les joueurs se dirigent chacun vers le cône central avec leur balle et chacun doivent se rendre à un cône qui n'est pas occupé avant de se diriger vers le centre.

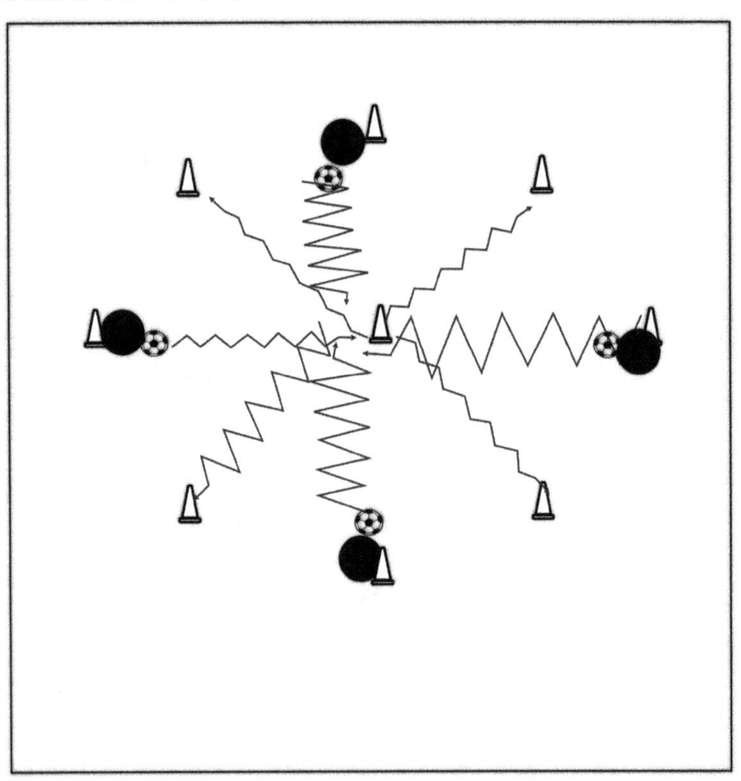

Exercice N° 33	Objectif Principal	Amélioration de la course avec ballon
	Joueurs	3

Explication

Les joueurs traversent les couloirs et ne peuvent pas croiser un autre joueur dans le même carré.

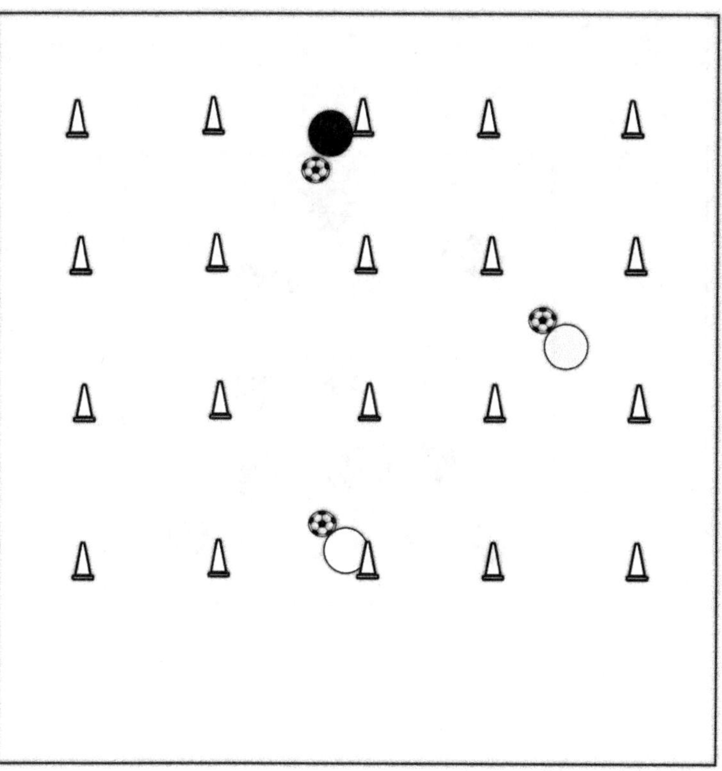

Exercice N° 34	**Objectif Principal** Amélioration de la course avec ballon
	Joueurs 12

Explication

Dans la disposition de l'image, 10 joueurs amènent le ballon dans le carré en esquivant les autres joueurs et il y aura deux joueurs qui sortent les ballons des joueurs du carré. Lorsqu'un joueur retire le ballon de la case, il devra aller le prendre et le ramener à l'intérieur.

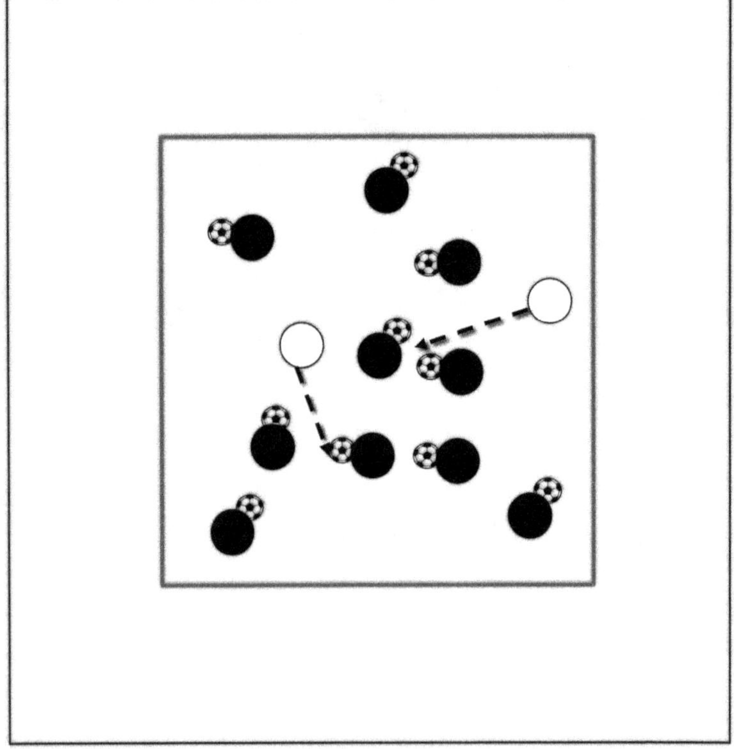

Exercice N° 35	**Objectif Principal** Amélioration de la course avec ballon
	Joueurs 12

Explication

Dans la disposition nde l'image, 10 joueurs amènent le ballon dans le carré en esquivant les autres joueurs et il y aura deux joueurs qui récupèrent le ballon. Le joueur qui perd le ballon changera de rôle et ira prendre le ballon de celui qui le lui a pris.

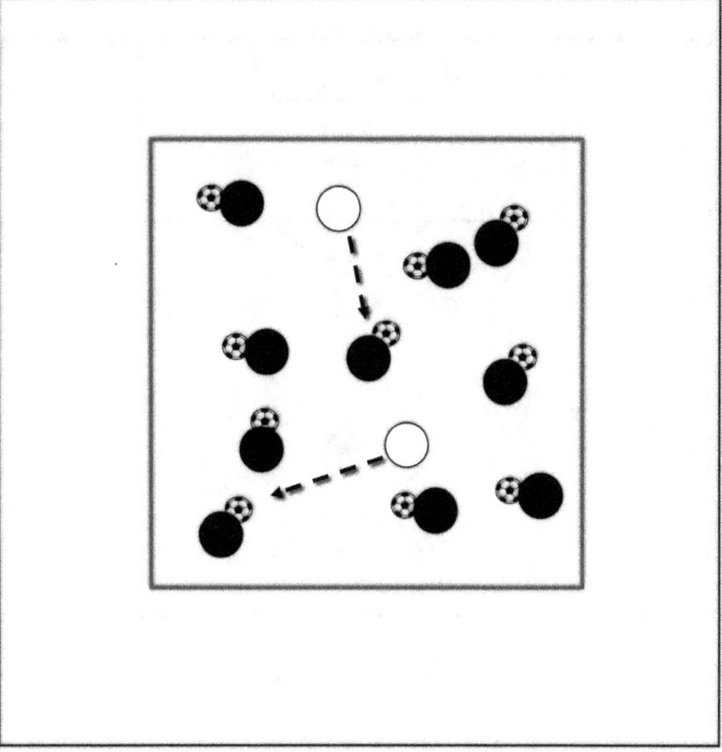

Exercice N° 36	Objectif Principal	Amélioration du tir au but
	Joueurs	2 (1xP)

Explication

-62-

Le gardien de but au point de penalty passe le ballon au joueur et se dirige vers l'un des poteaux. Le joueur qui passe devant le cône ou la silhouette doit tirer au but pour marquer un but.

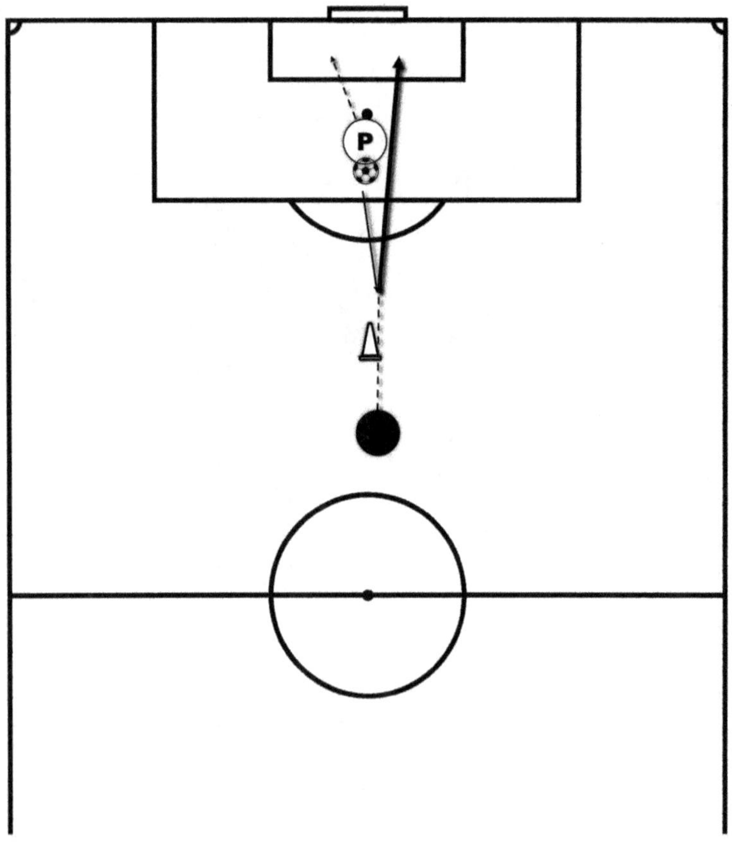

Exercice N° 37	Objectif Principal	Amélioration du tir au but
	Joueurs	5 (2x2+P)

Explication

Deux joueurs de l'équipe se passent le ballon sans qu'il ne tombe au sol entre eux, une paire d'une autre équipe entre dans le carré pour faire pression, prendle ballon et va tirer avec la pression de ceux qui ont perdu.

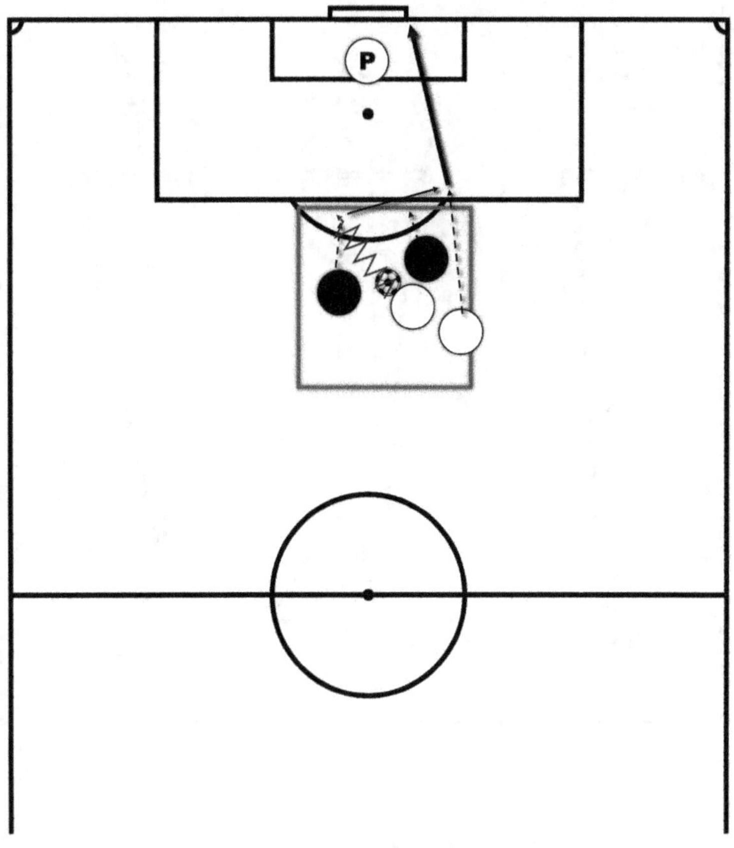

Exercice N° 38	Objectif Principal	Amélioration du tir au but
	Joueurs	2 (1xP)
	Explication	

Le gardien de but derrière le but passe le ballon au joueur et va au but d'un côté. Le joueur qui passe devant le cône ou la silhouette doit tirer au but pour marquer un but.

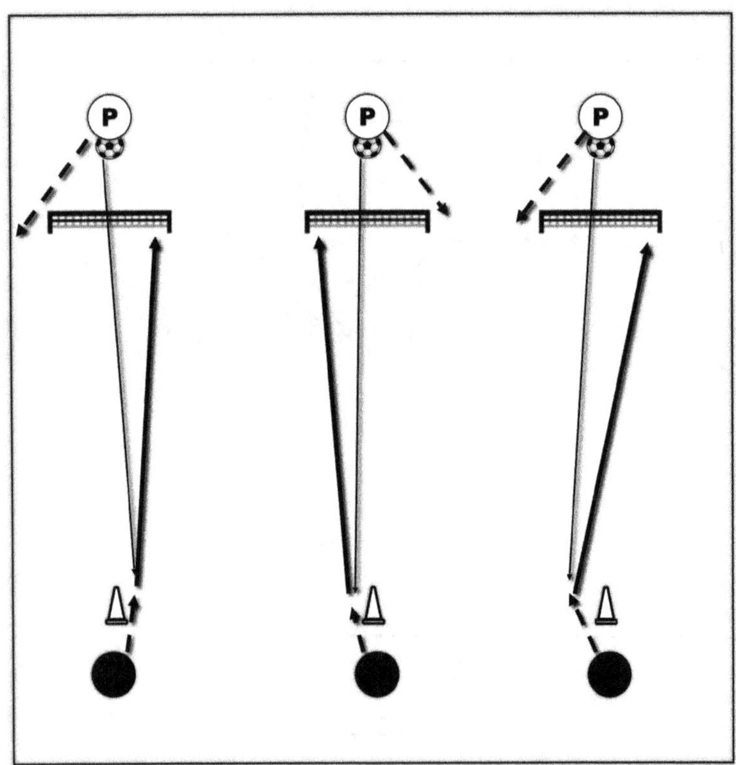

Exercice N° 39	Objectif Principal	Amélioration du tir au but
	Joueurs	2 (1xP)

Explication

Le gardien passe le ballon au joueur qui ira de l'avant à l'adversaire (il ne pourra réagir tant qu'il ne le verra pas) qui exercera une pression sur lui pour qu'il ne puisse pas tirer au but.

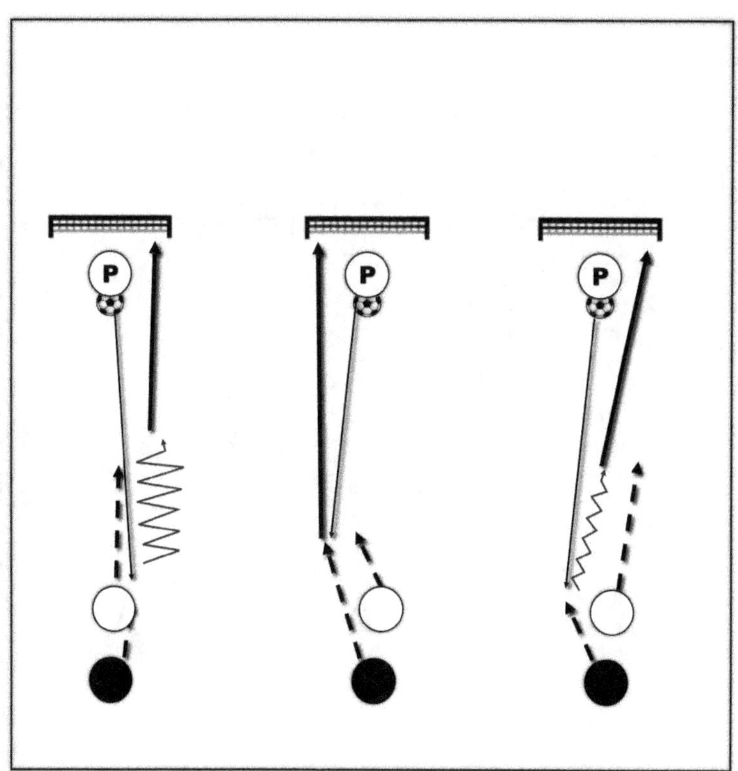

Exercice N° 40	Objectif Principal	Amélioration du tir au but
	Joueurs	6

Explication

Les joueurs positionnés comme sur l'image. Les gardiens au service et les joueurs en défense (blancs), peuvent aller indistinctement vers l'un ou l'autre joueur, en changeant à chaque action sans savoir sur qui ils vont faire pression sur le tir. Tout le monde part derrière la silhouette ou le cône pour aller d'un côté ou de l'autre.

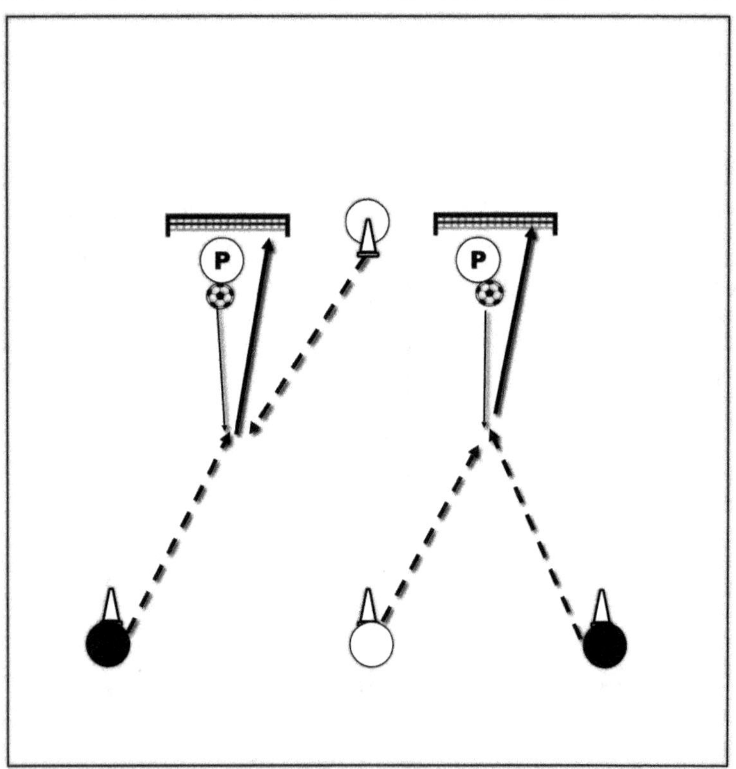

Exercice N° 41	**Objectif Principal**	Amélioration du tir au but
	Joueurs	5

Explication

Les joueurs répartis comme dans l'image, derrière les cônes ou les silhouettes lorsque les gardiens leur passent le ballon, ils se dirigent vers le ballon pour terminer. Le joueur central ira vers l'un ou l'autre pour essayer de reprendre le ballon pour tirer au but.

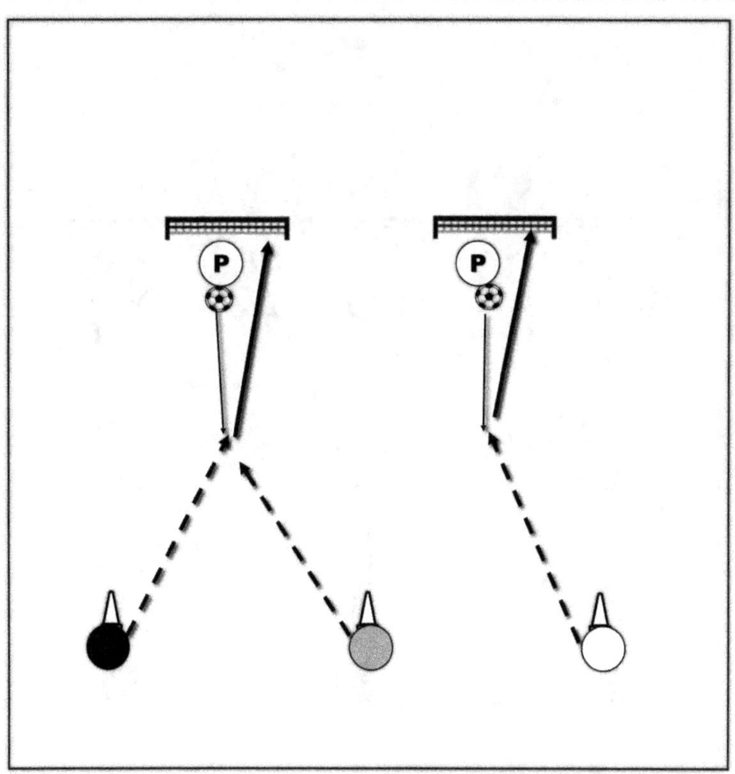

Exercice N° 42	Objectif Principal	Amélioration du tir au but
	Joueurs	10

Explication

Les joueurs positionnés comme sur l'image. Le gardien passe le ballon au joueur (couleur noire) qui ira devant le cône ou la silhouette pour tirer au but. Sur les 4 Joueurs blancs, seuls 3 participent, ils essaieront de l'empêcher de marquer (ceux qui participent et sur qui ils font pression alterneront sans que l'autre équipe le sache)

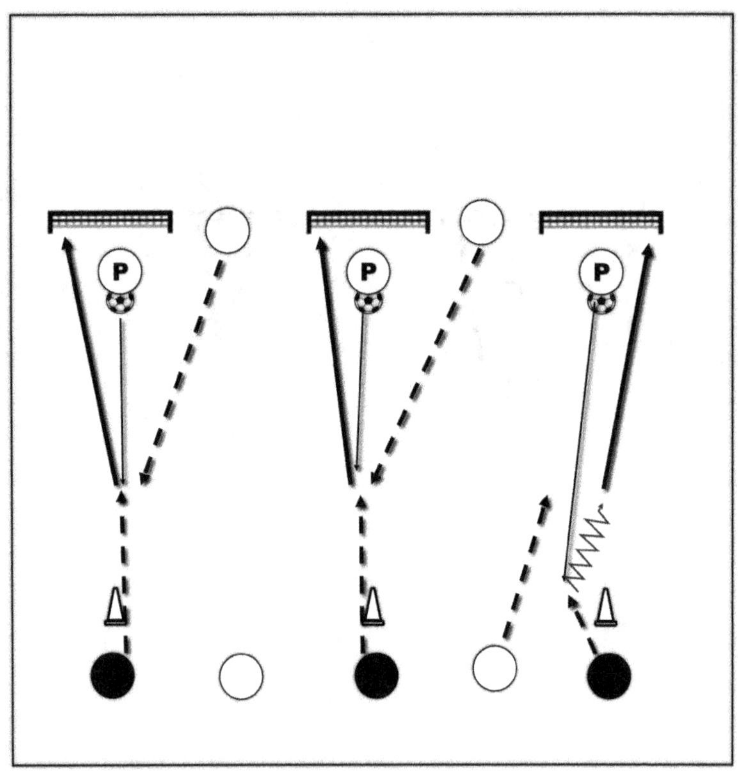

Exercice N° 43	Objectif Principal	Amélioration du tir au but
	Joueurs	6

Explication

Le joueur dans le carré passe le ballon au joueur qui ira devant l'adversaire (il ne pourra réagir tant qu'il ne le verra pas), il lui fera pression pour qu'il ne puisse pas tirer au but avec un autre joueur et s'il le souhaite il peut se faire aider de son coéquipier qui il lui passa le ballon pour marquer. Le joueur qui fera pression changera à chaque fois.

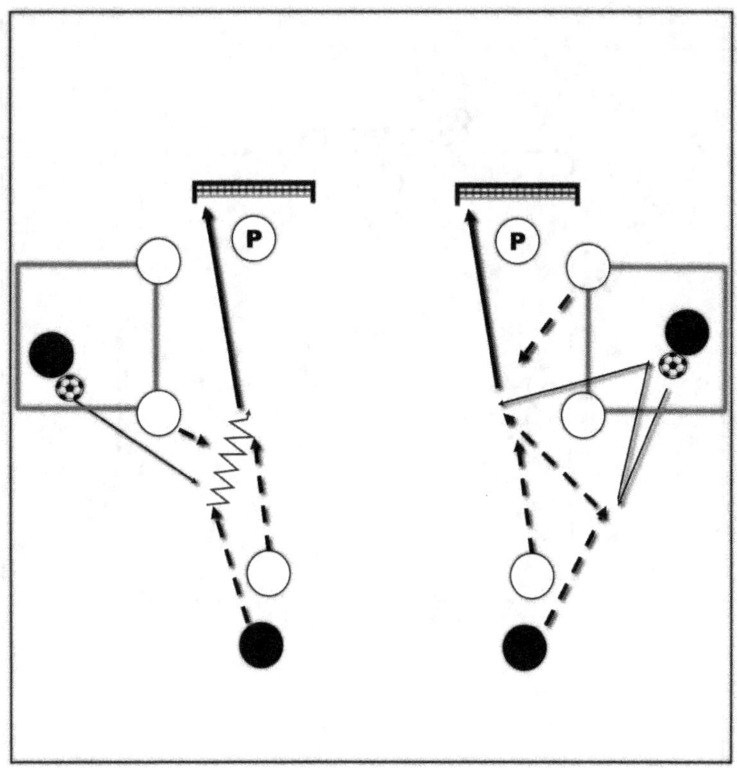

Exercice N° 44	Objectif Principal	Amélioration du tir au but
	Joueurs	4 (1x3P)

Explication

Le joueur et les gardiens de but répartis comme sur l'image. Lorsque le joueur reçoit du gardien de but, il doit tourner et tirer sur le but qui est libre, car le gardien de but est allé lui faire pression et l'a laissé vide. Les gardiens de but changeront et laisseront un autre but libre en lui faisant pression pour lui renvoyer le ballon et pour qu'il répète l'action en changeant de but.

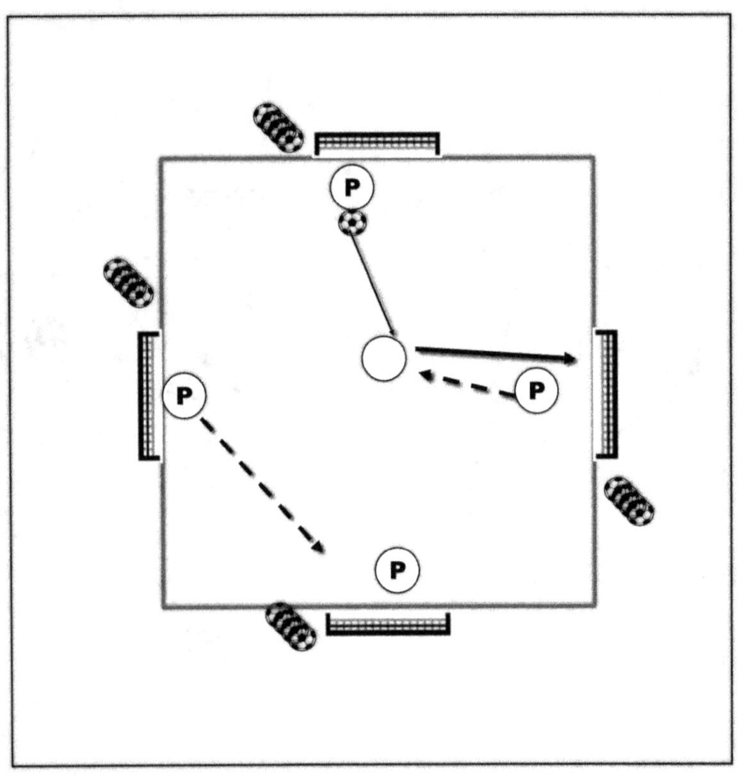

Exercice N° 45	Objectif Principal	Amélioration du tir au but
	Joueurs	5 (1x4P)

Explication

Le joueur et les gardiens de but répartis comme sur l'image. Trois gardiens avec le ballon et un sans le ballon. L'un d'eux passera le ballon au joueur qui devra orienter le corps et le ballon lorsqu'il le recevra pour tirer au but où le gardien de but n'a pas le ballon. Il alternera entre le gardien de but qui lui fait la passe et celui qui n'a pas de ballon au hasard.

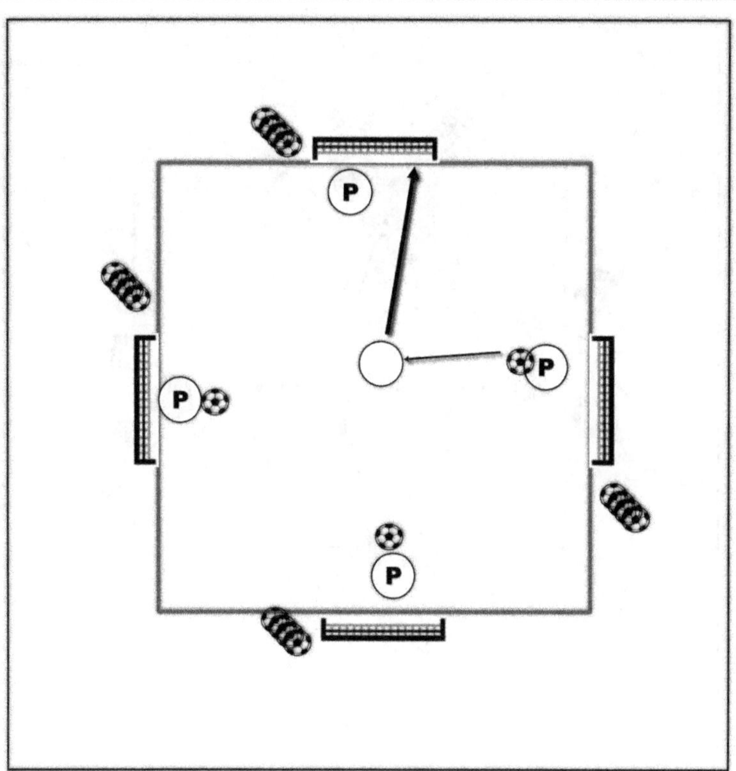

Exercice N° 46	Objectif Principal	Amélioration du tir au but
	Joueurs	5 (1x2+2P)

Explication

Les joueurs sont placés comme sur l'image. Lorsque le joueur reçoit du gardien de but, il doit se retourner et tirer sur le but du gardien et les 2 autres joueurs iront lui faire pression. Les gardiens changeront avec les joueurs pour répéter l'action en variant le but et l'endroit de pression.

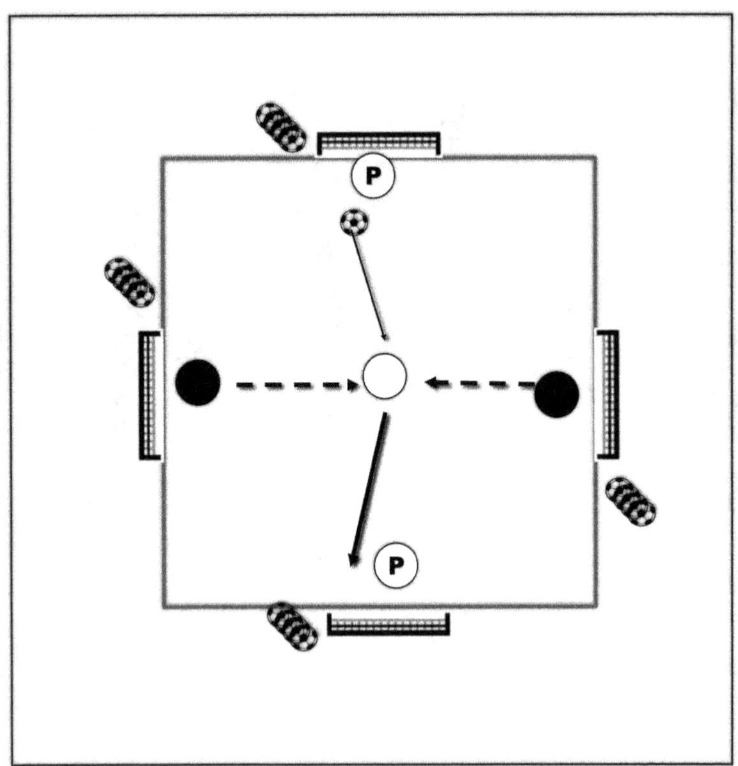

Exercice N° 47	Objectif Principal	Amélioration du tir au but
	Joueurs	8

Explication

Les joueurs sont placés comme sur l'image. Lorsque le joueur reçoit du gardien de but il doit se retourner et tirer au but du gardien ou s'appuyer sur l'un des supports s'il le juge nécessaire avant le tir et deux joueurs adversaires lui feront pression. Les gardiens changeront avec les joueurs pour répéter l'action en variant le but et l'endroit de pression..

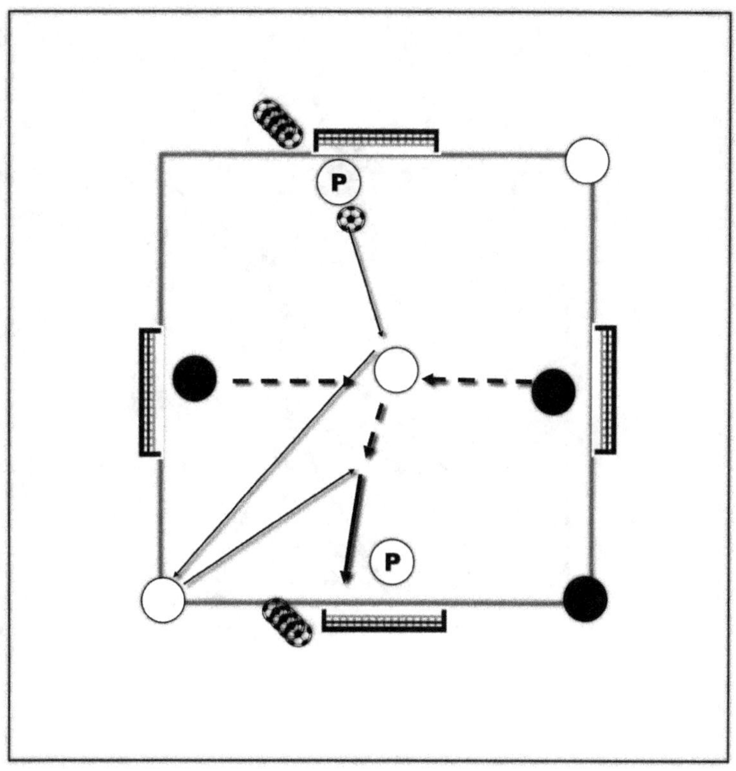

Exercice N° 48	Objectif Principal	Amélioration du tir au but
	Joueurs	8

Explication

Les joueurs distribués comme sur l'image. Le joueur au centre passera avec le plus éloigné du but et lorsque les joueurs de l'autre équipe entreront pour faire pression, ils passeront au coéquipier proche du but (qui sera démarqué) pour attaquer. Seuls deux jouer peuvent entrer pour faire pression et ils ne seront plus jamais les mêmes, ni des mêmes endroits.

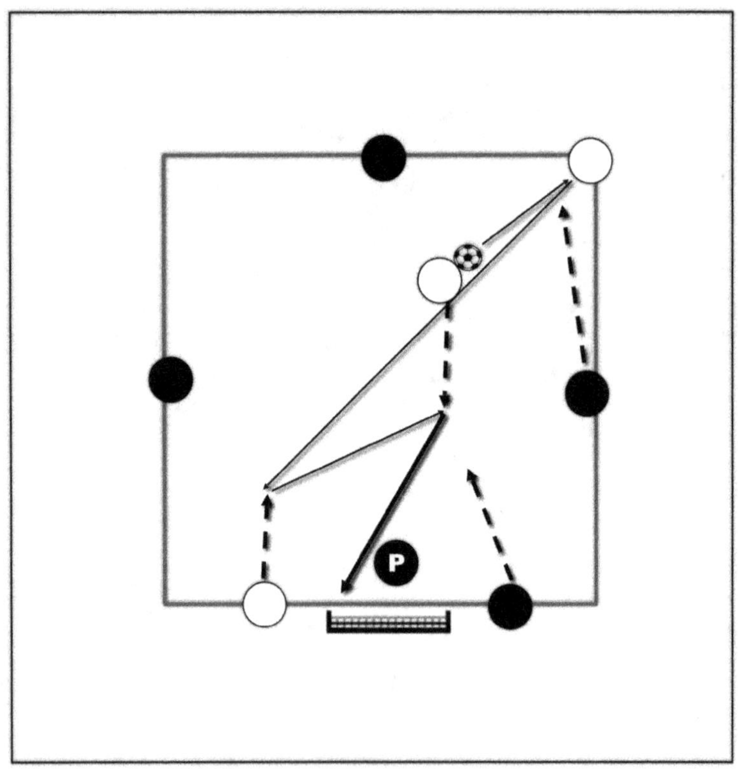

Exercice N° 49	Objectif Principal	Amélioration du contrôle ciblé
	Joueurs	7

Explication

LLes joueurs distribués comme sur l'image. Lorsque le joueur reçoit du coéquipier il doit contrôler et cibler en sortant la balle hors du carré, loin de la portée des deux joueurs qui vont faire pression et passer à l'autre coéquipier. Les deux joueurs qui font pression changeront de lieu de pression ainsi que le lieu de réception.

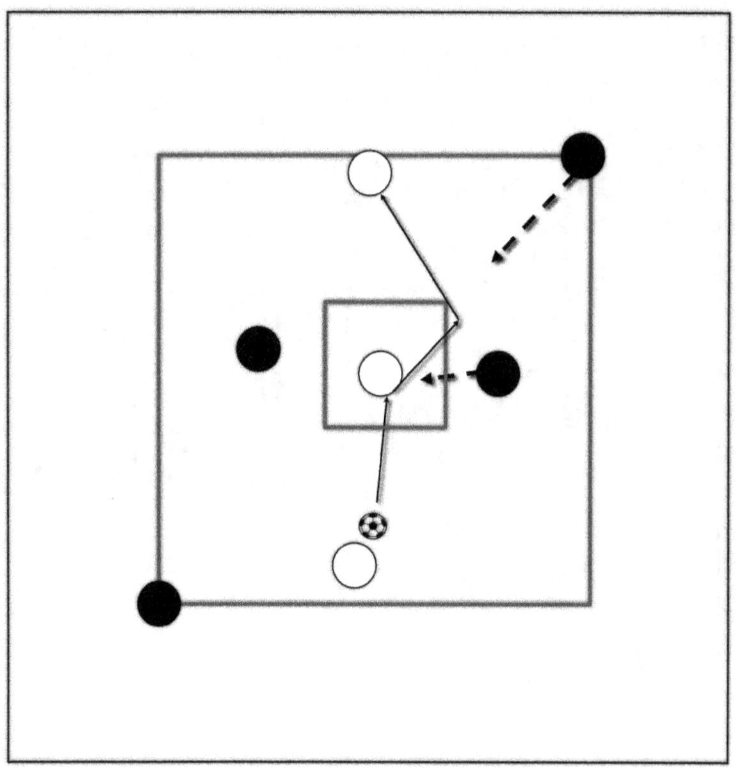

Exercice N° 50	Objectif Principal	Amélioration du contrôle ciblé
	Joueurs	5 (1+1+1x2)

Explication

Les joueurs distribués comme sur l'image. Lorsque le joueur reçoit du coéquipier il doit contrôler et cibler en sortant la balle hors du carré, passer au joueur qui ne lui a pas fait pression et les 2 autres joueurs iront lui faire pression. Les joueurs changeront les rôles de pression ou d'attente de la passe entre eux afin de ne pas répéter l'action et que le joueur qui contrôle décide du contrôle.

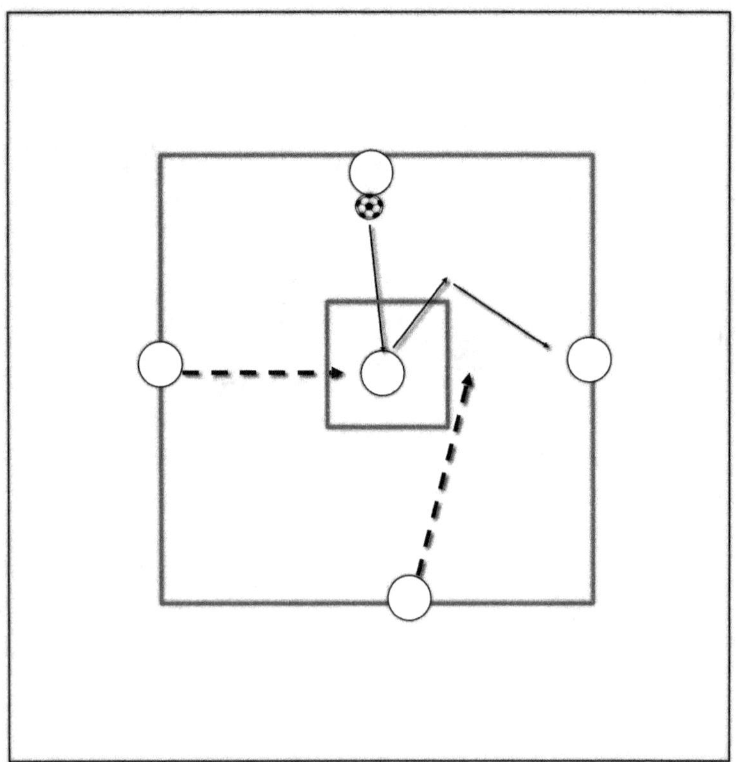

Exercice N° 51	Objectif Principal	Amélioration du contrôle ciblé et du tir
	Joueurs	4 (1x3P)

Explication

Le joueur et les gardiens de but répartis comme sur l'image. Lorsque le joueur reçoit du gardien de but qu'il doit contrôler, il sort le ballon du carré et tire sur le but à partir duquel il n'a pas subi de pression et oú est le gardien de but. Les gardiens changeront à chaque action ceux font la pression et d'où.

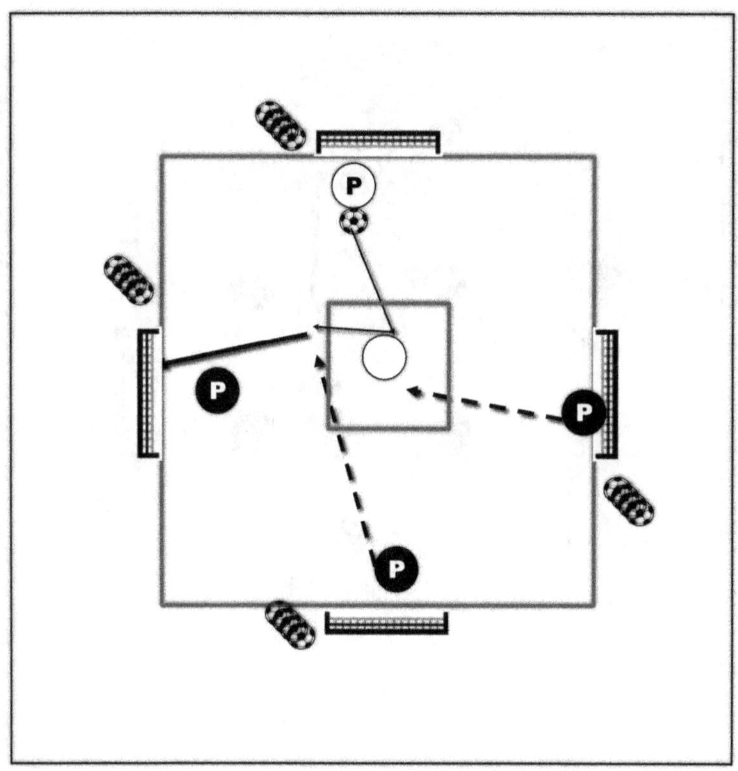

Exercice N° 52	Objectif Principal	Amélioration du contrôle ciblé et du tir
	Joueurs	7

Explication

Les joueurs distribués comme sur l'image. Lorsque le joueur reçoit du gardien de but, il doit contrôler et cibler en sortant le ballon du carré, tirer sur le but que du gardien et deux joueurs lui feront pression, uniquement dans le carré. Les gardiens varieront d'un but à l'autre, ainsi que les joueurs qui font pression.

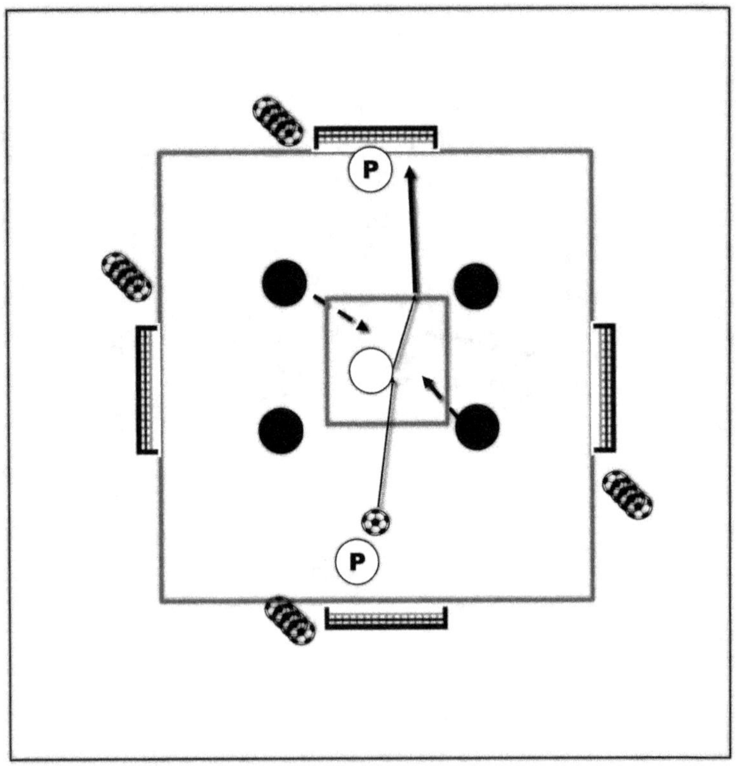

Exercice N° 53	**Objectif Principal**	Amélioration de la pression après une perte
	Joueurs	3

Explication

Les Joueurs dominent le ballon sans le laisser tomber et quand l'un d'eux tombe ou que le ballon sort du carré, les autres font pression pour le reprendre.

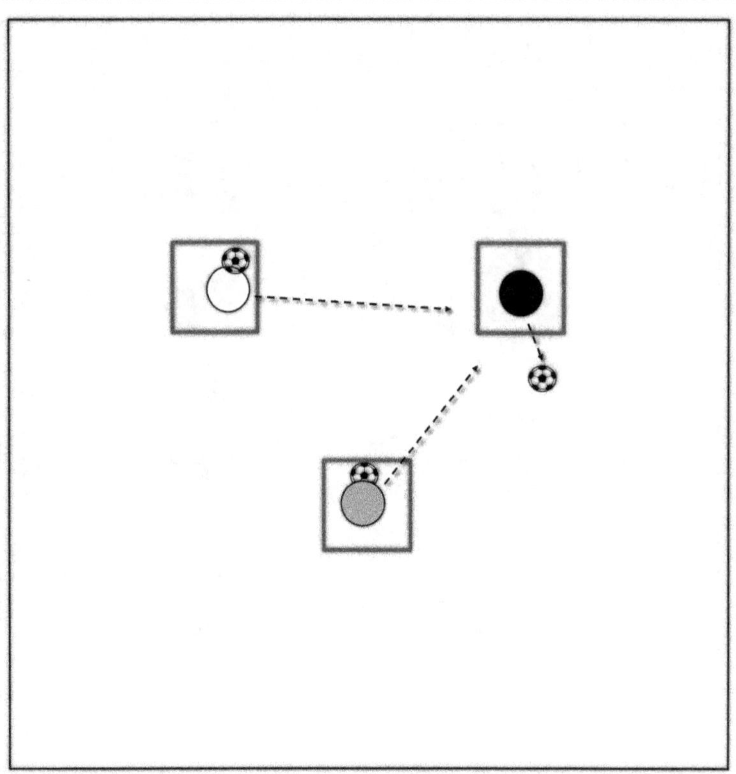

Exercice N° 54	Objectif Principal	Amélioration de la pression après une perte
	Joueurs	2
Explication		

Par paires, chaque joueur domine le ballon sans sortir du carré, lorsque le ballon tombe ou sort du carré, le joueur fera pression sur son coéquipier pour le lui prendre.

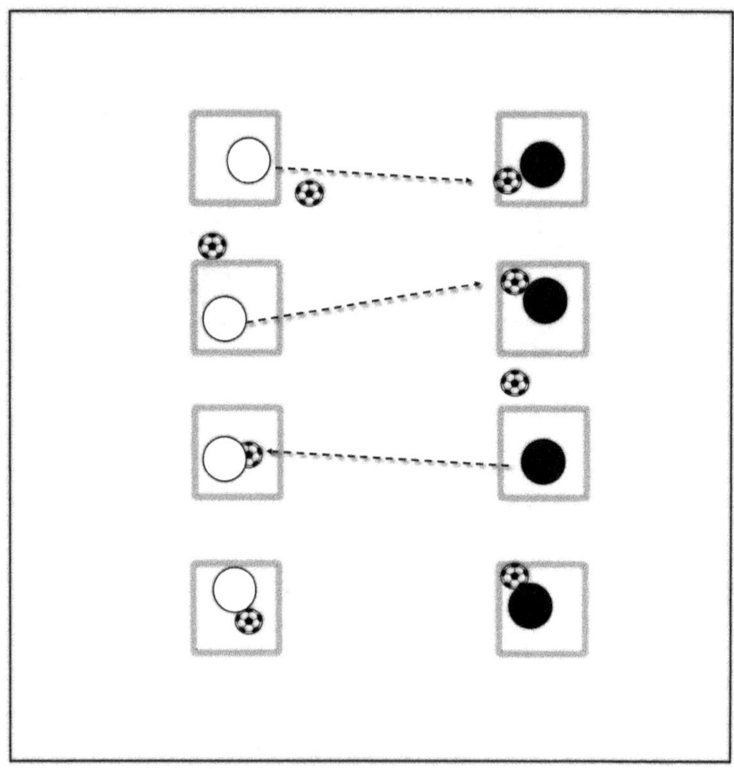

Exercice N° 55	Objectif Principal	Amélioration de la pression après une perte
	Joueurs	3 (1x1+P)

Explication

Deux Joueurs passent le ballon sans qu'il ne tombe, quand il sort, le joueur qui a raté va gêner le tir de l'autre.

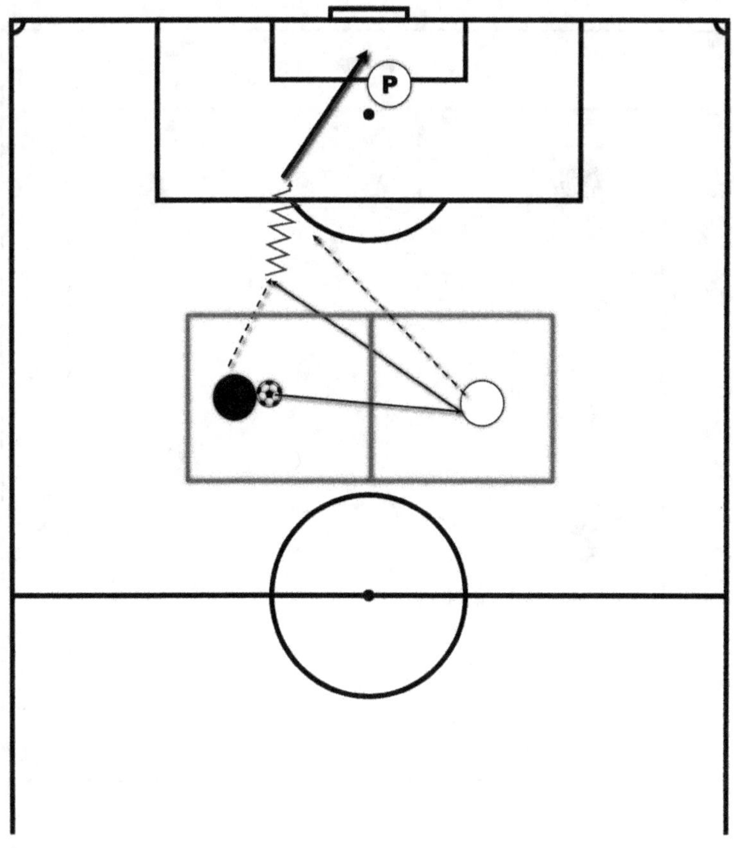

Exercice N° 56	Objectif Principal	Amélioration de la prise de possession de la balle
	Joueurs	14 (5x5+4)

Explication

Ils joueront 5 contre 5 à l'intérieur du carré et il y aura 4 remplaçants extérieurs qui participeront avec l'équipe qui n'a pas le ballon. Les remplaçants ne peuvent rentrer dans le carré que pour anticiper et passer à l'équipe qui a récupéré. Ils seront toujours de l'équipe qui n'a pas le ballon.

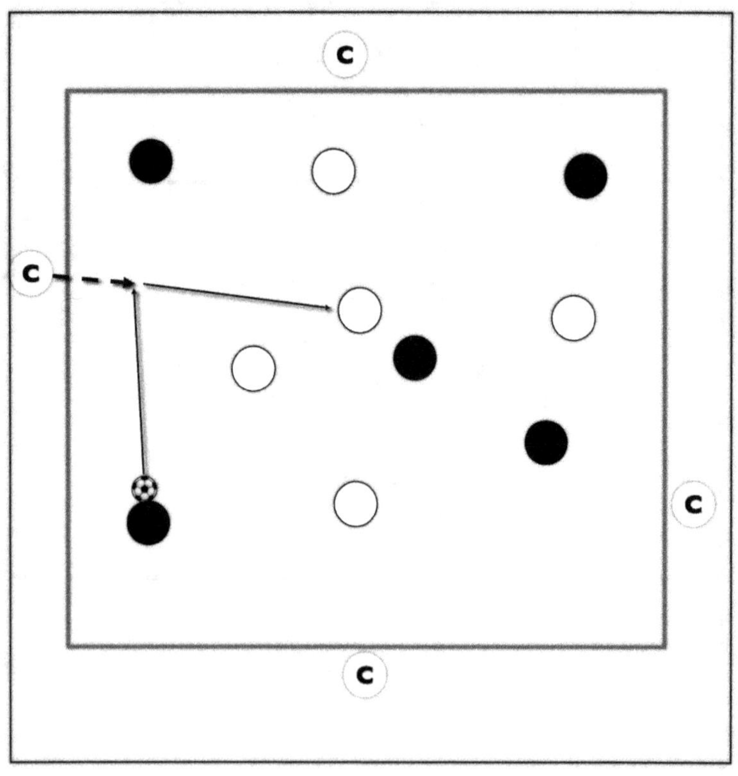

Exercice N° 57	Objectif Principal	Amélioration de la prise de possession de la balle
	Joueurs	15 (5x5+5)

Explication

Ils joueront 5 contre 5 à l'intérieur du carré et il y aura 4 remplaçants extérieurs et un remplaçant à l'intérieur du carré qui participeront avec l'équipe qui n'a pas le ballon. Les remplaçants ne peuvent rentrer dans le carré que pour anticiper et passer à l'équipe qui a récupéré. Ils seront toujours de l'équipe qui n'a pas le ballon.

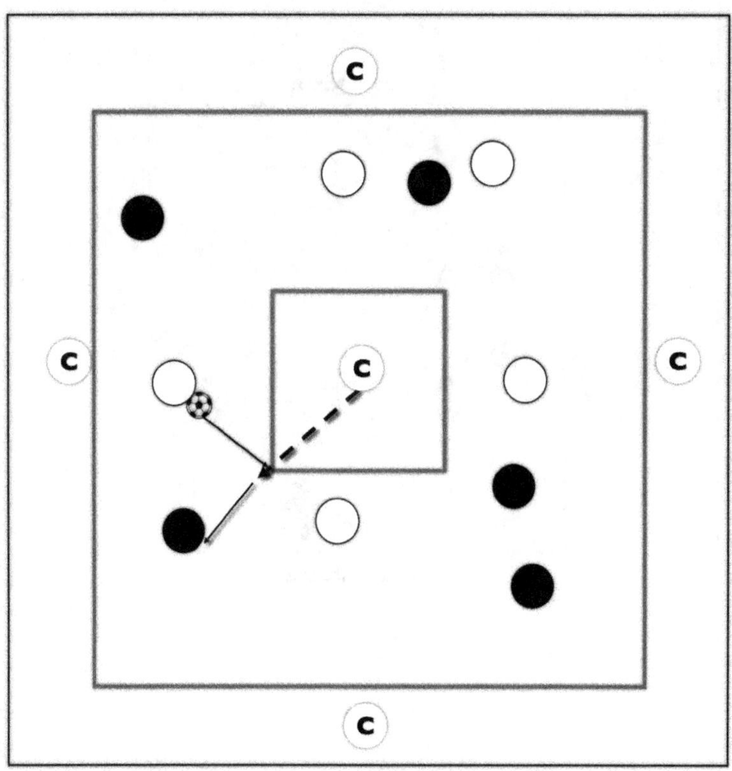

Exercice N° 58	Objectif Principal	Amélioration de la concentration pendant le jeu
	Joueurs	12 (P+2x2+P y P+2x2+P)

Explication

Ils jouent 2 matchs simultanés, un en long et un en large. Les joueurs ne pourront pas toucher le ballon de l'autre match, s'ils le font involontairement, ils continuent à jouer comme s'ils avaient touché un poteau de but.

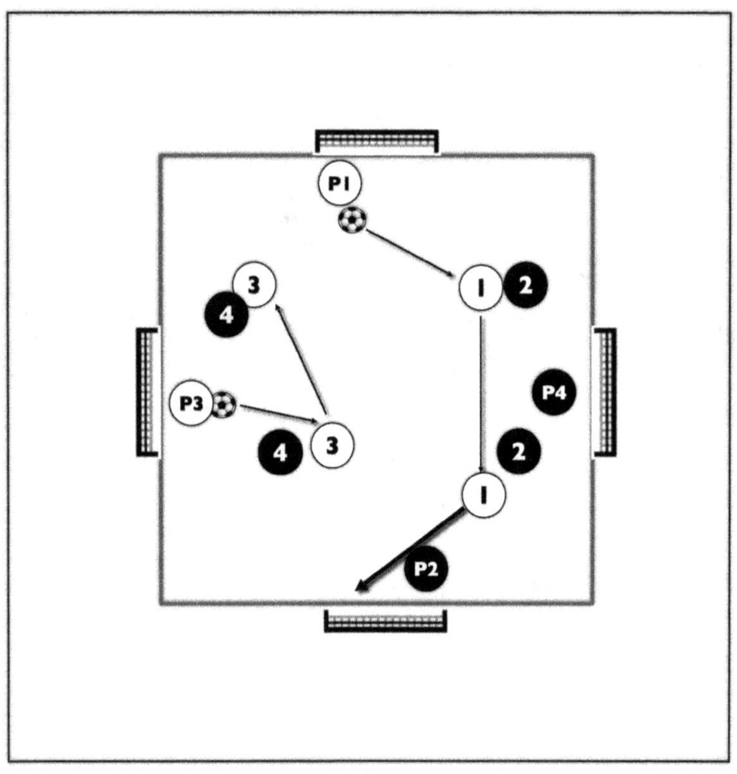

Exercice N° 59	Objectif Principal	Amélioration de la prise de possession
	Joueurs	12

Explication

Les joueurs distribués comme sur l'image, les remplaçants à l'intérieur et les joueurs sur les lignes. Deux tours seront joués simultanément et les joueurs situés sur la ligne médiane participeront aux deux tours lorsqu'ils joueront avec eux.

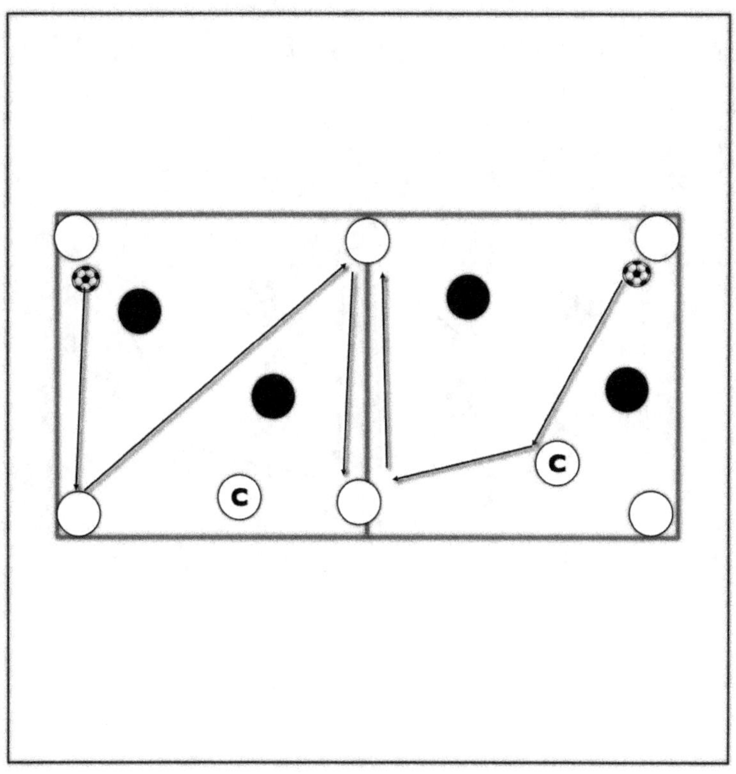

Exercice N° 60	Objectif Principal	Amélioration de la prise de possession
	Joueurs	12

Explication

Les joueurs distribués comme sur l'image, les remplaçants à l'intérieur et les joueurs sur les lignes. Deux tours seront joués simultanément et les joueurs participeront aux deux tours lorsqu'ils joueront avec eux. (les remplaçants intérieurs peuvent se déplacer à travers les deux tours)

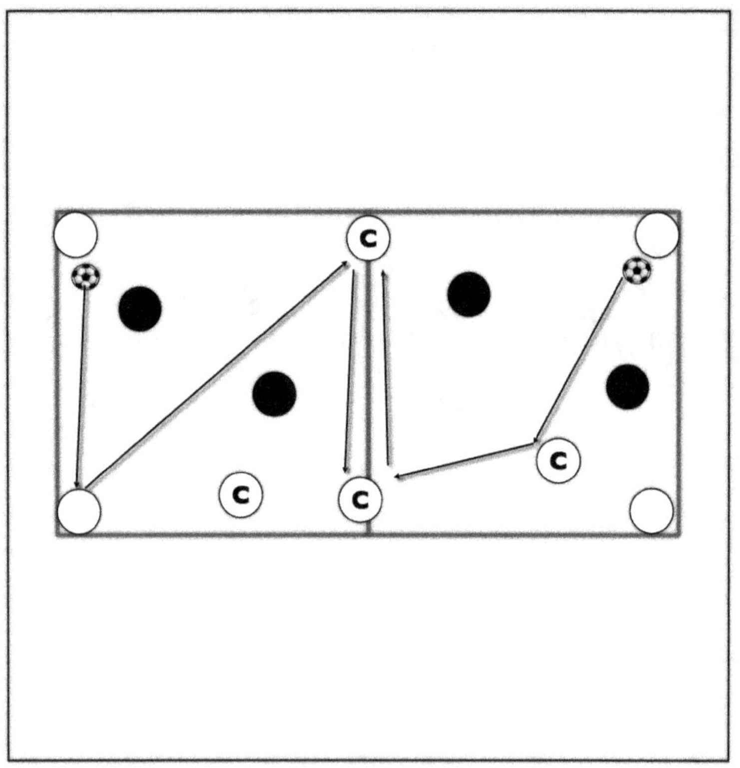

Exercice N° 61	Objectif Principal	Amélioration de la phase de ballon
	Joueurs	8 (P+3x3+P)

Explication

Lorsque les équipes perdent le ballon, elles se replient sur leur moitié de terrain et se divisent en deux zones, alternant la structure défensive 2-1, 1-2, 3-0 ou 0-3 au hasard à tout moment sans pouvoir quitter leur zone. jusqu'à ce qu'elles récupèrent le ballon et elles le feront librement pour attaquer l'équipe qui a perdu qui formera une autre structure défensive..

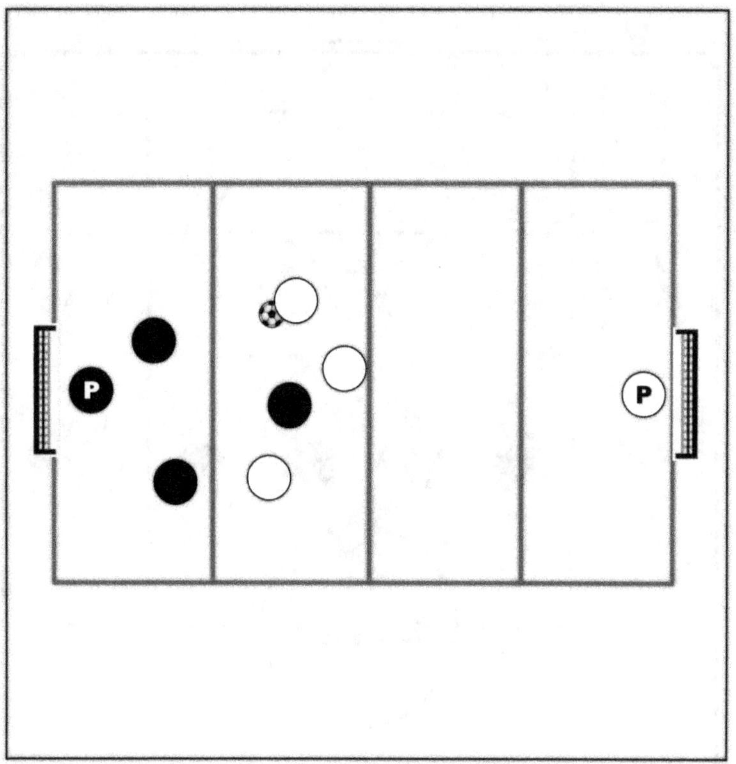

Exercice N° 62	Objectif Principal	Trouver des espaces dans la contre-attaque
	Joueurs	10 (4+Px4+P)

Explication

Ils attaquent quatre contre quatre vers un but. L'équipe attaquante avec un joueur dans chaque allée latérale et deux dans l'allée centrale. Le gardien de but sera au point de penalty et aura un ballon en main. Ils tenteront de marquer un but par élévation en profitant du fait que le gardien de but soit à l'avant. Lorsqu'ils tirent sur l'un d'eux, ils devront se rendre à l'une des silhouettes ou des cônes qui se trouvent derrière la ligne de fond avant de revenir se défendre. Cela laissera des espaces dans la défense de l'équipe qui a tiré, qui devra se défendre et profiter de l'équipe qui a commencé la contre-attaque avec le ballon que le gardien avait entre les mains.

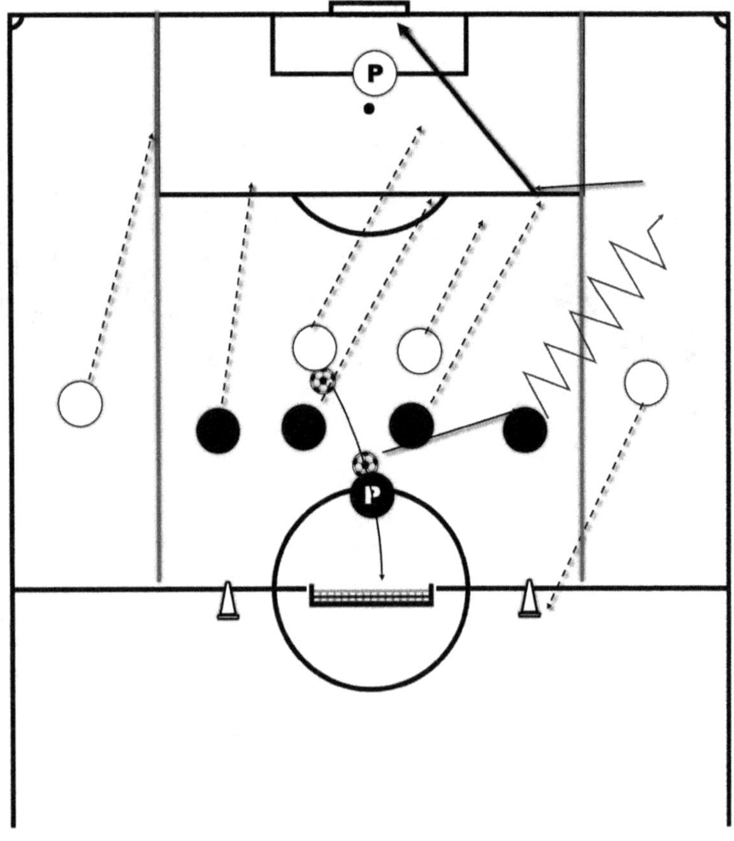

Exercice N° 63	**Objectif Principal** Amélioration de la phase sans ballon
	Joueurs 22

Explication

Match avec le terrain divisé comme sur l'image dans laquelle lorsque l'équipe perd le ballon (blanc) fera toujours la même retraite (4-4-2) et l'équipe adversaire changera le nombre de Joueurs qui attaquent dans chaque zone : 4-3-3, 4-4-2, 3-5-2,... (dont ils ne pourront pas sortir). Au hasard (guidé par l'entraîneyr) et à chaque fois que l'équipe blanche se défend, elle fera face à une structure différente.

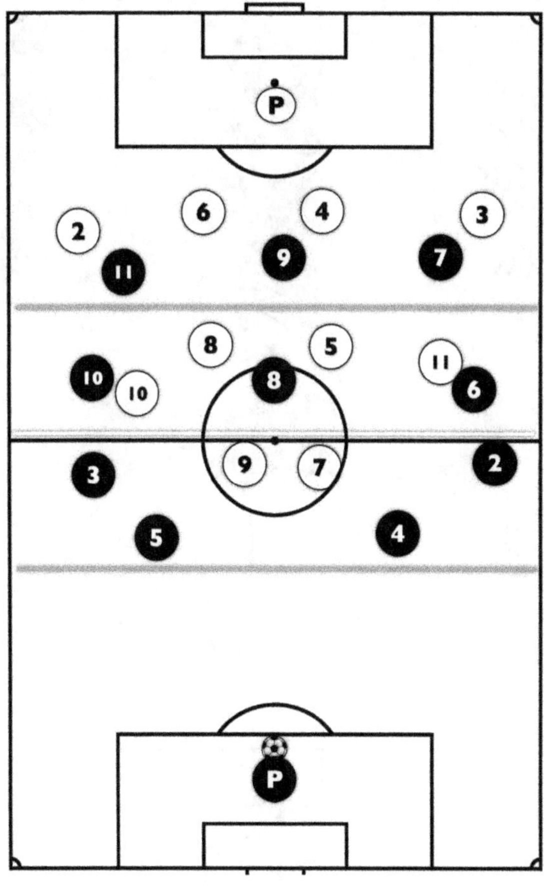

Exercice N° 64	**Objectif Principal**	Amélioration de la transition défensive
	Joueurs	18

Explication

Un joueur de l'équipe blanche part avec le ballon et un de l'équipe noire part sans le ballon. Le joueur de l'équipe blanche essaiera de passer le ballon entre les deux cônes et le joueur de l'équipe noire essaiera de l'en empêcher. Quand l'un passe ou perd le ballon, l'un de l'autre équipe sort et celui qui a passé ou perdu doit faire pression, quand il perd ou tire une des autres équipes sortira et ainsi de suite au hasard.

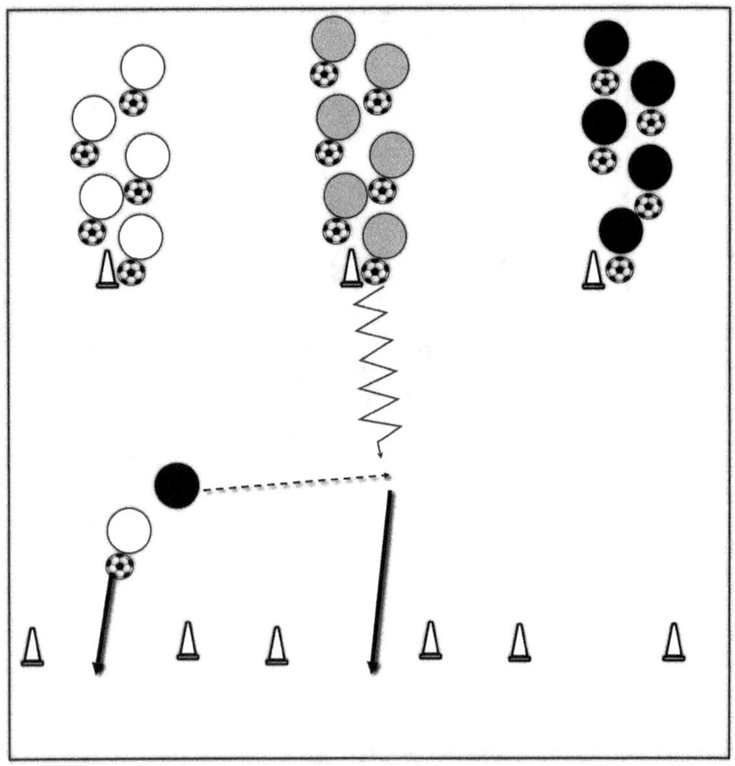

Exercice N° 65	**Objectif Principal** Amélioration de la transition offensive
	Joueurs 4 (1+1x1+1)

Explication

Les joueurs placés comme sur l'image. Le joueur de l'équipe noire a le ballon et lorsque le joueur de l'équipe blanche lui prend, il doit passer au joueur de l'autre carré. Le joueur central peut aider à faire pression ou rester dans le couloir pour intercepter la passe.

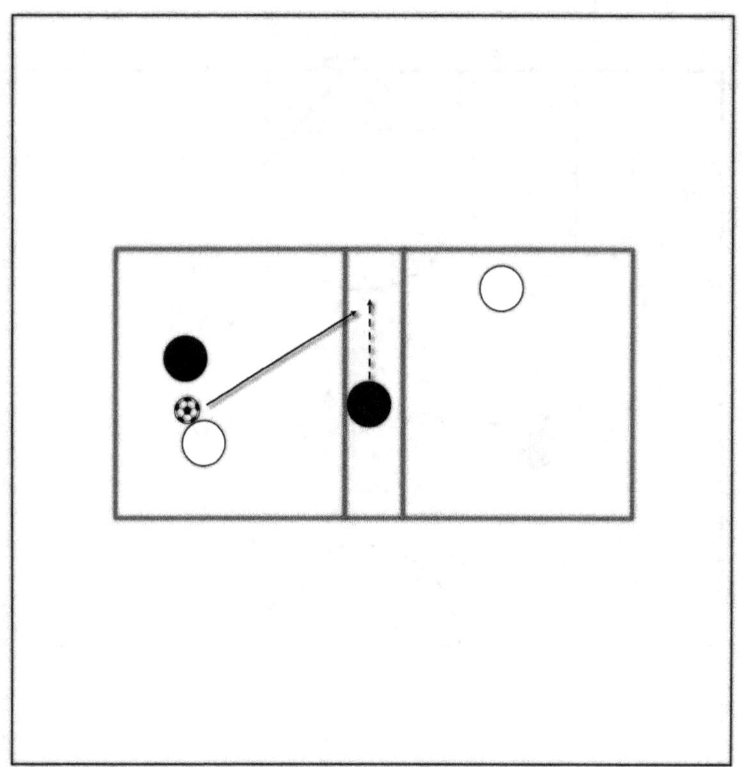

Exercice N° 66	**Objectif Principal** Amélioration de la transition offensive
	Joueurs 5 (P+2x1+1)

Explication

Les joueurs distribués comme sur l'image. Le joueur de l'équipe noire aura le ballon, lorsqu'il perdra le ballon il fera pression et le coéquipier qui est sur la ligne fera pression, interceptera ou ira marquer le joueur devant pour que l'équipe blanche ne puisse pas attaquer.

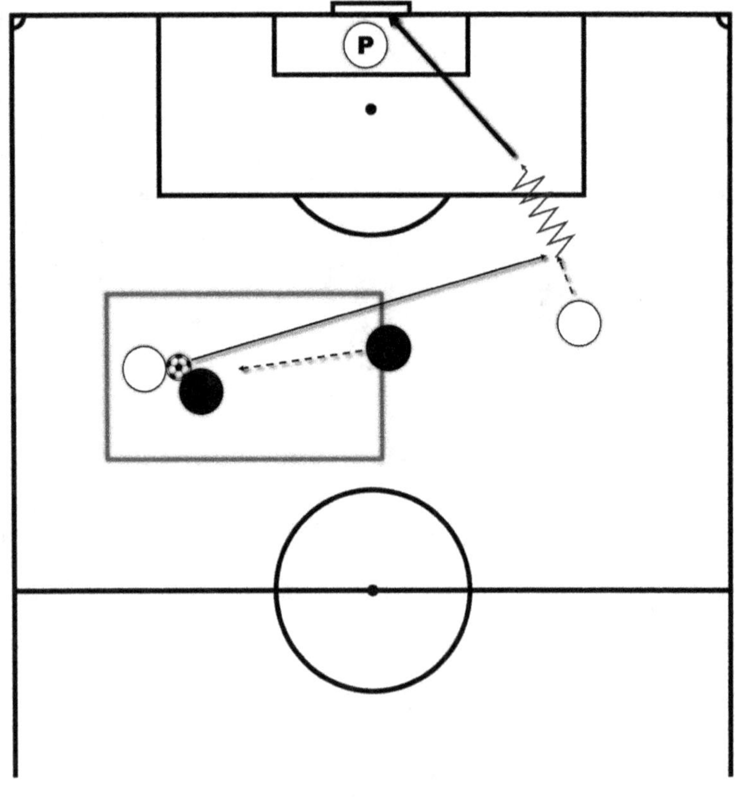

Exercice N° 67	Objectif Principal	Amélioration de la transition défensive
	Joueurs	7
	Explication	

Les joueurs distribués comme sur l'image. Le joueur de l'équipe noire aura le ballon, lorsqu'il récupérera celui de l'équipe blanche il passera à l'un des joueurs qui sont au centre et celui qui a récupéré et celui qui l'a dépassé attaquera le but. Les joueurs de l'équipe noire défendront l'attaque.

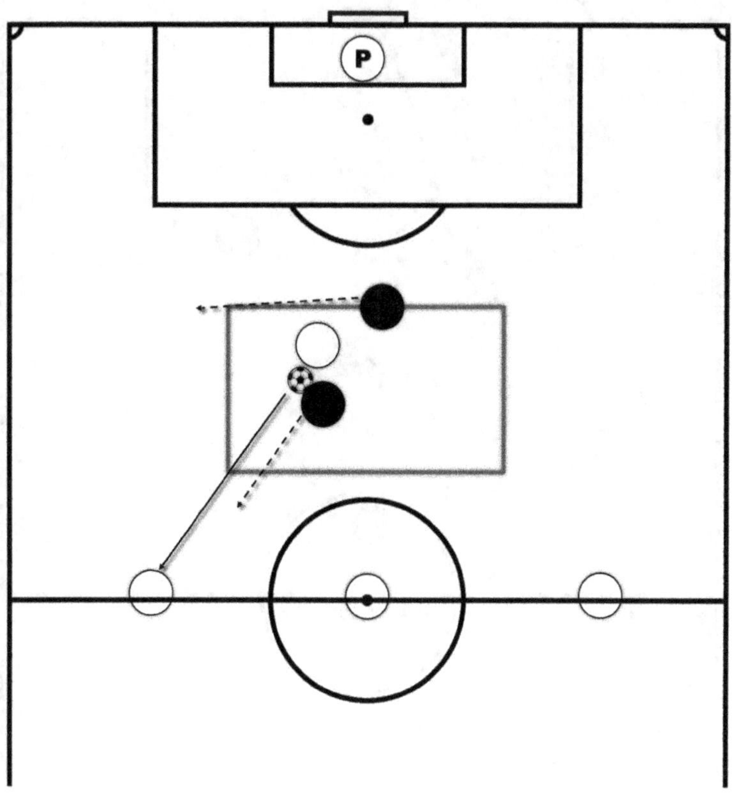

Exercice N° 68	Objectif Principal	Amélioration de la transition défensive
	Joueurs	10

Explication

Ils attaquent trois contre un et lorsqu'ils tirent, perdent le ballon ou sortent, les joueurs de la ligne de fond entreront pour attaquer le but éloigné avec le joueur qui était en défense et ceux qui attaquaient feront pression pour récupérer après le tir et qu'ils ne s'approchent pas de leur objectif. Ils alterneront le nombre de joueurs qui attaquent et les lieux qui sortent de la ligne de fond.

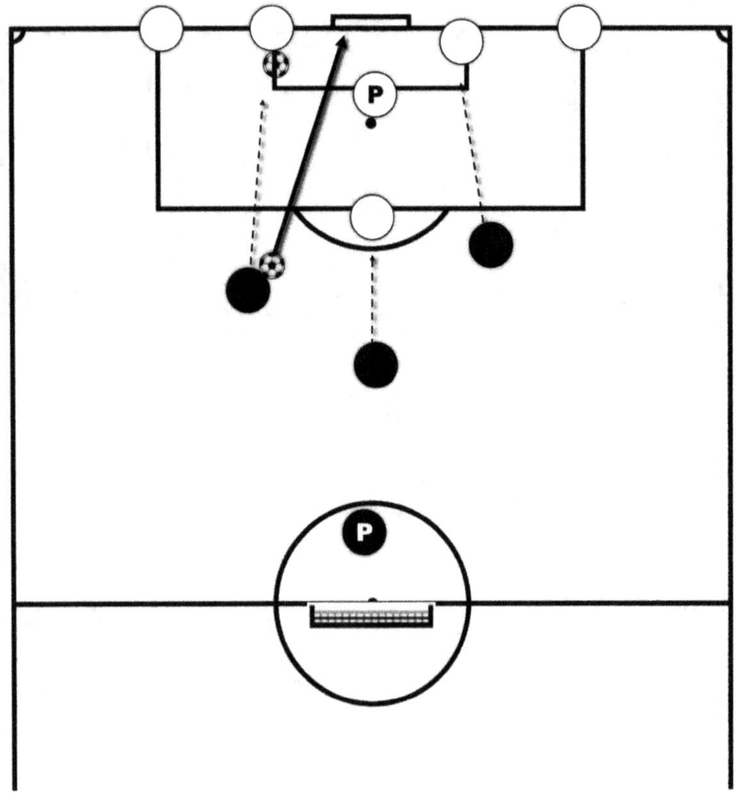

Exercice N° 69	Objectif Principal	Amélioration de la transition défensive
	Joueurs	8

Explication

Les joueurs positionnés comme sur l'image, l'équipe noire se passera le ballon entre eux, quand ils joueront avec celui qui est le plus éloigné du but, l'équipe blanche pourra intercepter la passe et attaquer vers le but, en alternant le nombre et la position des joueurs qui attaqueront. Lorsque l'équipe noire perd le ballon, elle fera pression pour que l'équipe blanche ne marque pas de but.

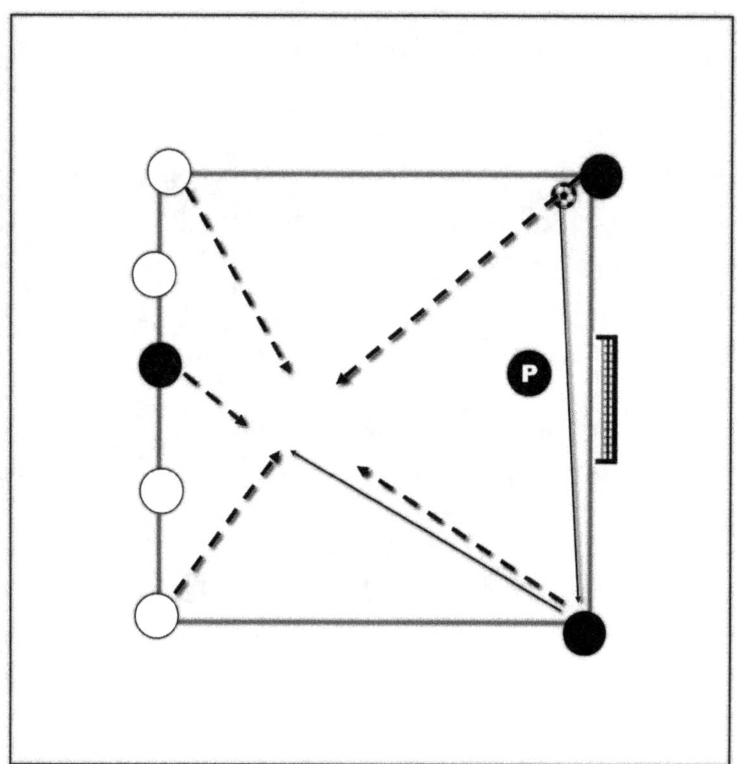

Exercice N° 70	Objectif Principal	Amélioration de la transition défensive
	Joueurs	11

Explication

Les joueurs positionnés comme sur l'image, l'équipe noire passera le ballon entre eux à l'intérieur, lorsqu'un joueur de l'équipe blanche intercepte quatre joueurs entrent pour attaquer, en alternant la position des joueurs qui entrent à chaque fois. Lorsque l'équipe noire perd le ballon, elle fera pression pour que l'équipe blanche ne marque pas de but.

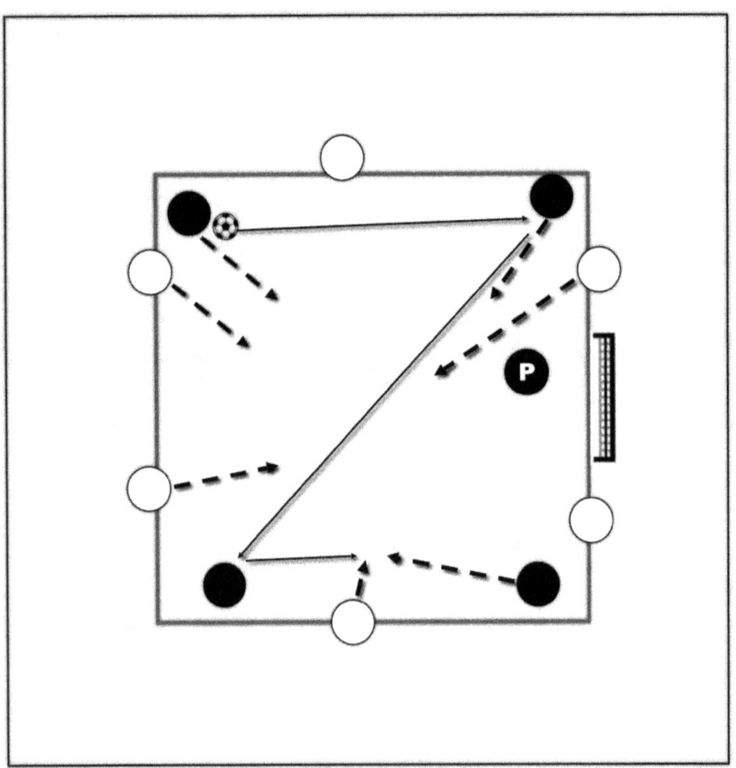

Exercice N° 71	Objectif Principal	Amélioration de la transition défensive
	Joueurs	8

Explication

Les joueurs positionnés comme sur l'image, l'équipe noire se passera le ballon entre eux, quand ils joueront avec celui qui est le plus éloigné du but, l'équipe blanche pourra intercepter la passe et attaquer vers le but, en alternant le nombre et la position des joueurs qui attaquent. Lorsque l'équipe noire perd le ballon, elle fera pression pour que l'équipe blanche ne marque pas de but.

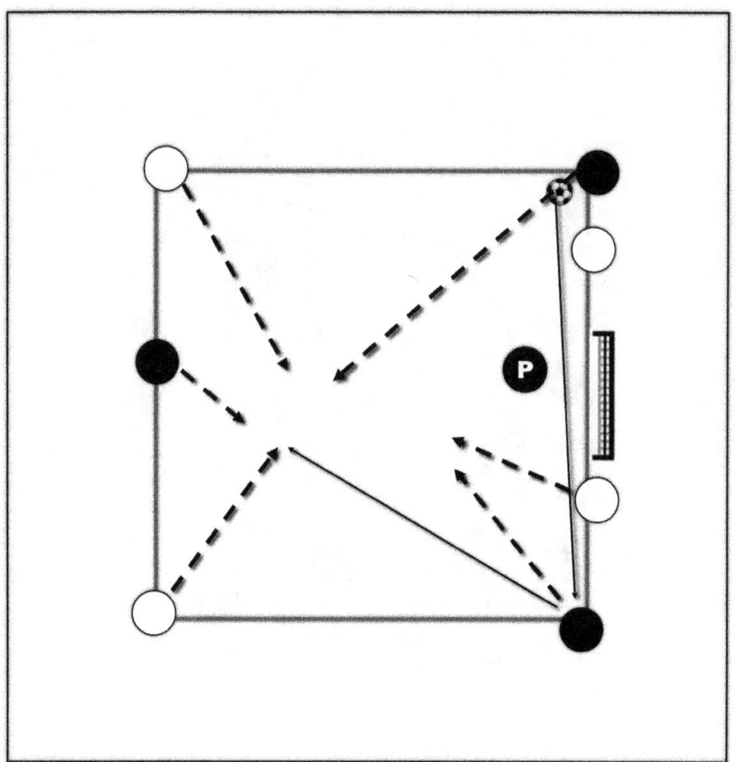

Exercice N° 72	Objectif Principal	Amélioration de l'occupation des espaces sans ballon
	Joueurs	9

Explication

Les joueurs positionnés comme sur l'image. Le joueur au centre passera au le plus éloigné du but et lorsque les joueurs de l'autre équipe entreront pour faire pression, ils passeront à l'un des coéquipiers (qui ne sera pas marqué) pour attaquer. Ils alterneront les joueurs qui entrent pour attaquer.

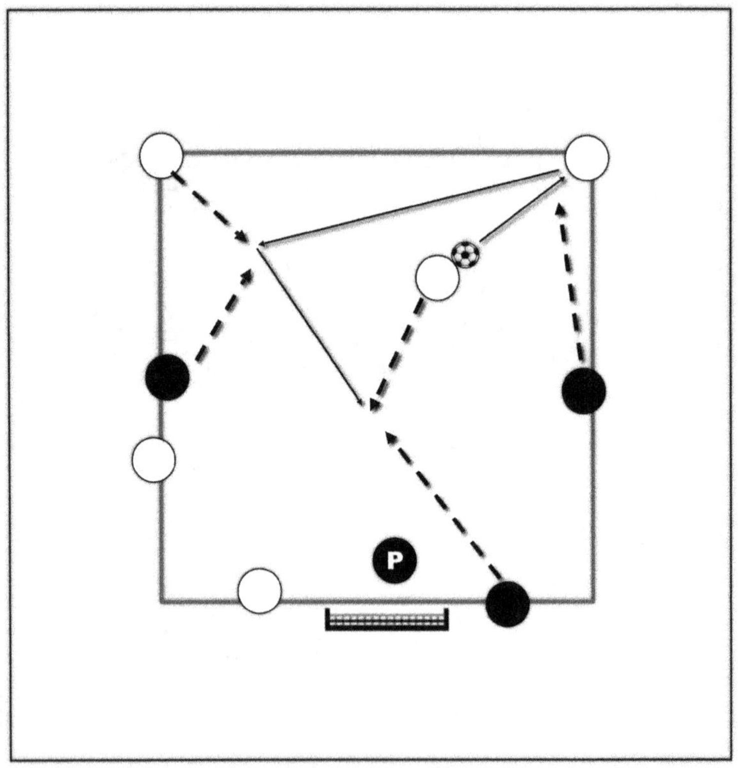

Exercice N° 73	Objectif Principal	Amélioration du concept d'attirer pour passer
	Joueurs	18 (8x8+2C)

Explication

Dans un rectangle divisé en huit parties égales, avec les joueurs répartis comme sur l'image (un de chaque équipe dans chaque division). Les remplaçants auront la liberté de mouvement et participeront avec l'équipe qui possède le ballon. Dans l'équipe sans ballon, les joueurs pourront sortir pour faire pression et sortir de leur carré pour aider un coéquipier qui tente de se remettre d'un désavantage numérique. L'équipe qui a le ballon, une fois qu'elle aura attiré et relâché un coéquipier, passera pour continuer à avoir la balle. S'ils récupèrent le ballon, les rôles changent.

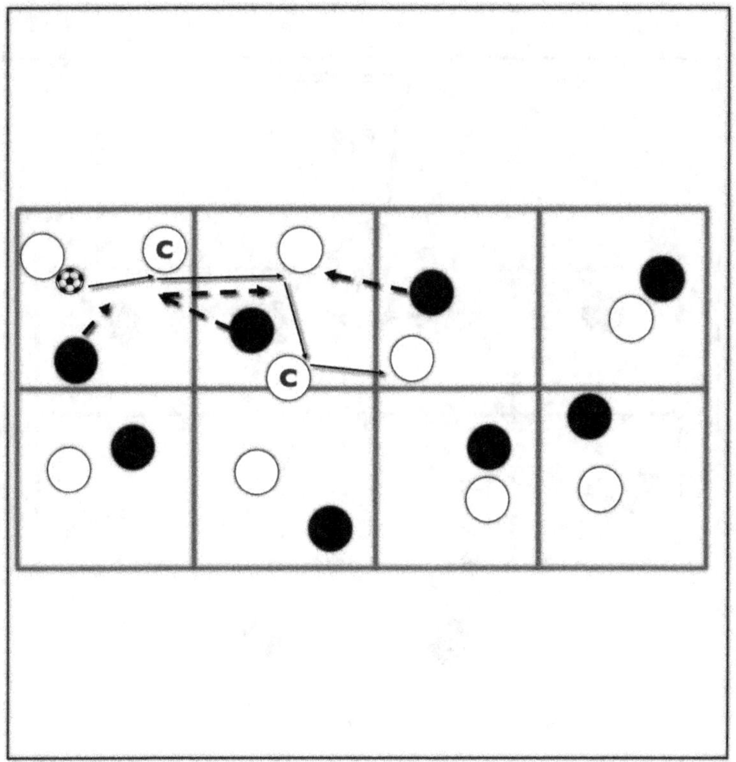

Exercice N° 74	**Objectif Principal**	Amélioration de la défense en zone
	Joueurs	14

Explication

Dans un rectangle divisé en huit parties égales, avec les joueurs répartis comme sur l'image. Les équipes essaieront de se déplacer sur la ligne opposée pour pouvoir passer au coéquipier à l'avant pour qu'il finisse. Si le joueur à l'avant reçoit, les défenseurs peuvent aller faire pression le tir. Les équipes en attaque mettront un ou deux joueurs entre la ligne défensive pour distraire les défenseurs.

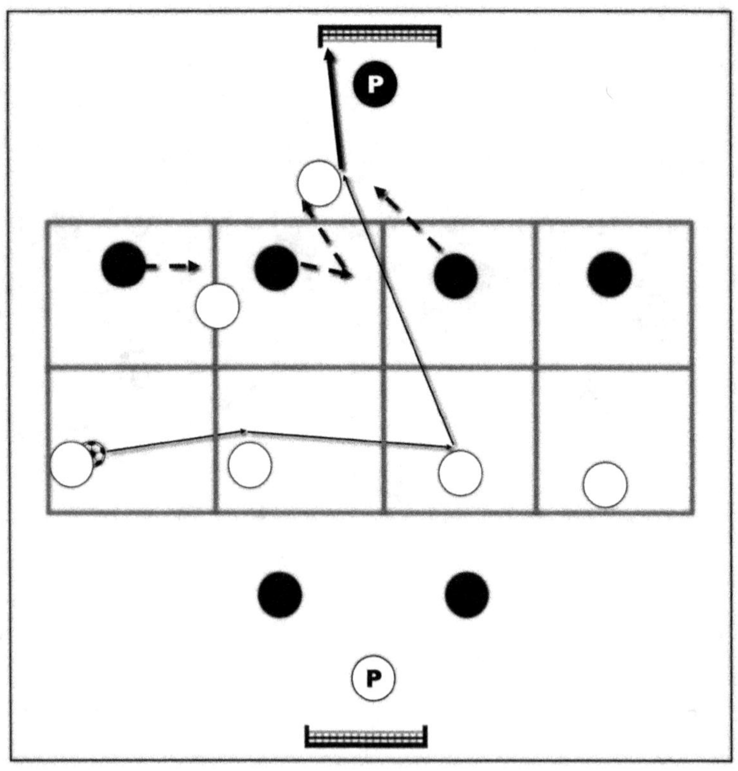

Exercice N° 75	**Objectif Principal**	Amélioration de la phase avec ballon
	Joueurs	12 (P+5x5+P)

Explication

Une équipe attaquera vers le but défendu avec à chaque fois une structure différente en deux lignes (3-2, 2-3, 4-1 ou 1-4). Et quand elle perd le ballon, elle défendra son but sous une structure différente de celle qu'elle a affrontée.

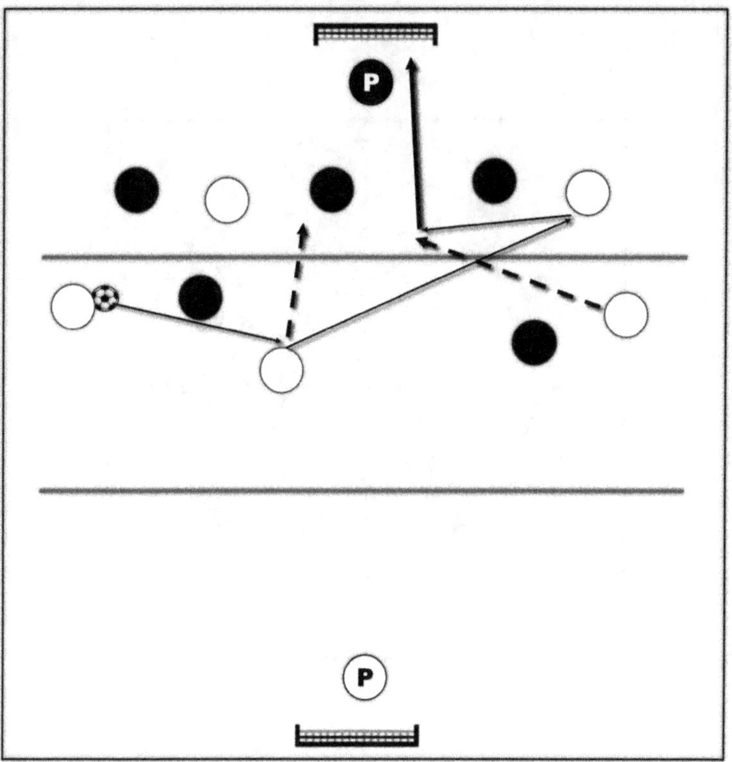

Exercice N° 76	**Objectif Principal**	Amélioration de la possession de la balle
	Joueurs	9 (4x4+C)

Explication

Les joueurs distribués comme sur l'image. Les joueurs de l'équipe blanche pourront appuyer et disposeront d'une liberté de mouvement pour récupérer. Les joueurs de l'équipe noire chacun dans un carré ne pourront pas sortir et seront aidés par le remplaçant qui conservera la possession du ballon en cherchant le joueur libre. Lorsqu'ils perdent le ballon, les rôles changent.

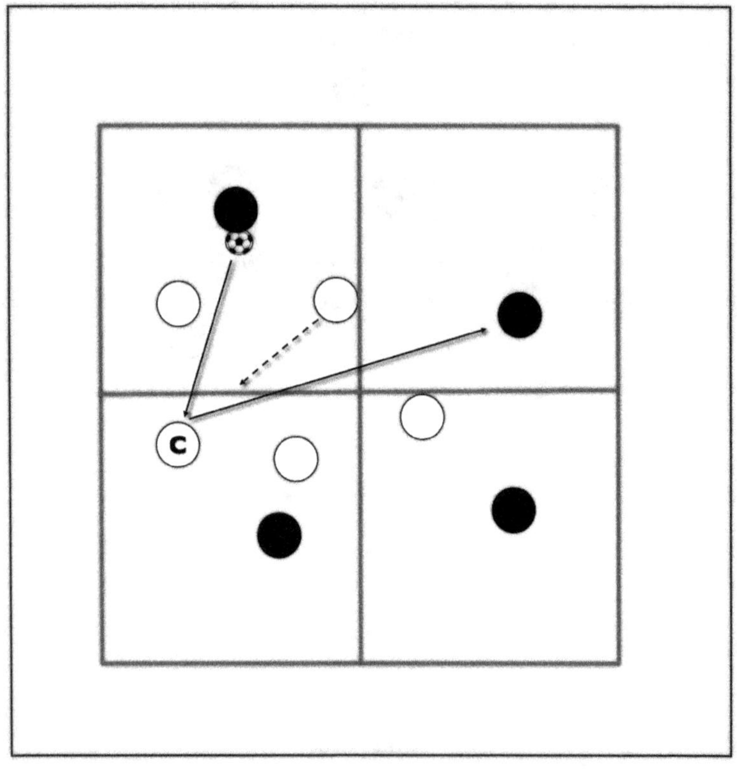

Exercice N° 77	Objectif Principal	Amélioration de la possession de la balle
	Joueurs	16 (4C+4x4+4)

Explication

Les joueurs distribués comme sur l'image. Les Joueurs de l'équipe noire auront le ballon distribué comme dans l'image. Lorsque le ballon est dans chaque carré, une seule de chacune des autres équipes peut entrer pour récupérer (lorsque le ballon sort de la division, elle devra retourner à sa position). Si une équipe récupère, les rôles changent.

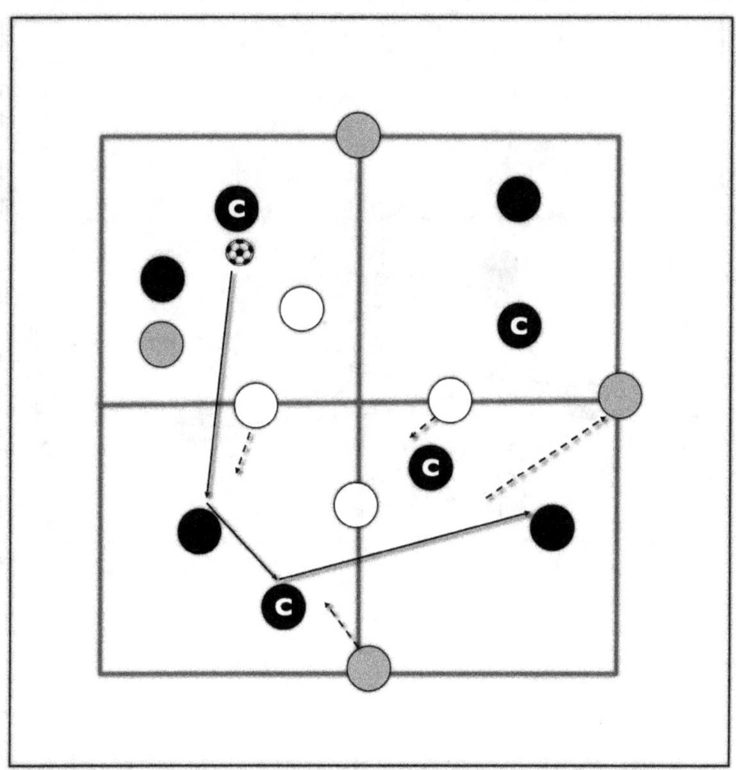

Exercice N° 78	Objectif Principal	Amélioration du concept d'attirer pour passer
	Joueurs	10 (P+4x4+P)

Explication

Dans un rectangle divisé en deux carrés, les joueurs sont placés dans la disposition de l'image, l'équipe avec le ballon pouvant changer leur disposition pour attirer les adversaires. L'équipe qui n'a pas le ballon (blanc) se coordonnera pour entrer dans la case à presser (à chaque fois un nombre différent de joueurs). L'autre équipe (noire) attirera l'adversaire et lorsque les Joueurs de l'équipe blanche entreront sous presse, ils joueront avec les plus avancés pour pouvoir attaquer le but. S'il reprend, l'équipe noire essaie de marquer et les rôles changent.

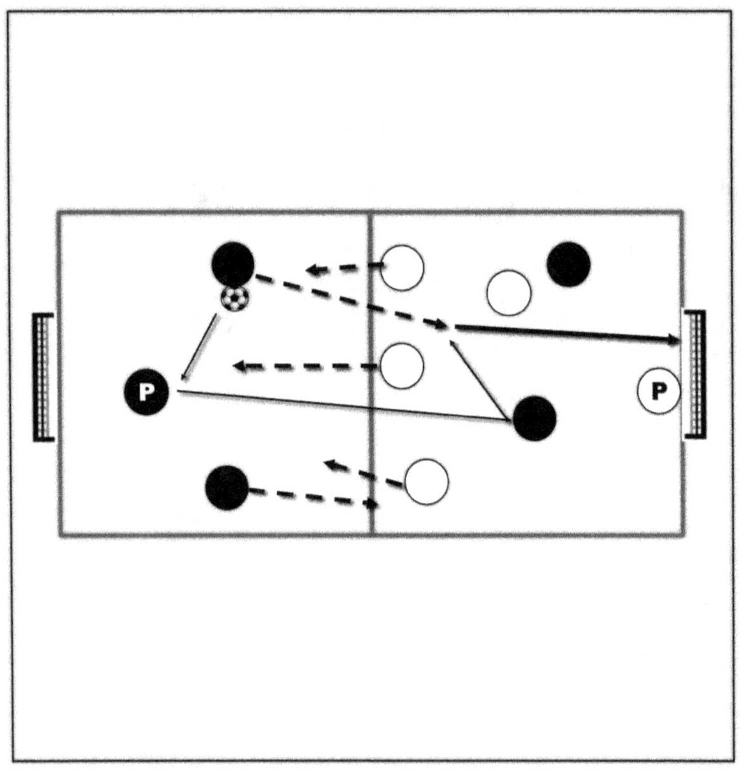

Exercice N° 79	**Objectif Principal** Amélioration de la sortie de pression
	Joueurs　　　　　　　　9 (4x4+C)

Explication

Une équipe a le ballon et provoque l'adversaire venir faire pression dans le carré. L'équipe qui est en dehors se coordonne pour faire pression en laissant un ou plusieurs Joueurs entre les cases à intercepter et quand ils le font, l'équipe qui a le ballon jouera avec le joker de l'autre case. Si un seul joueur entre pour faire pression, il peut passer le ballon à l'autre carré. Lorsque le remplaçant reçoit il laissera le ballon là-bas, il ira sur l'autre carré et de nouveau l'autre équipe devra entrer pour faire pression sur l'autre carré (en laissant les joueurs intercepter) et l'équipe blanche pour passer quand ils le feront. S'ils reprennent ou interceptent le ballon, ils changeront de rôle.

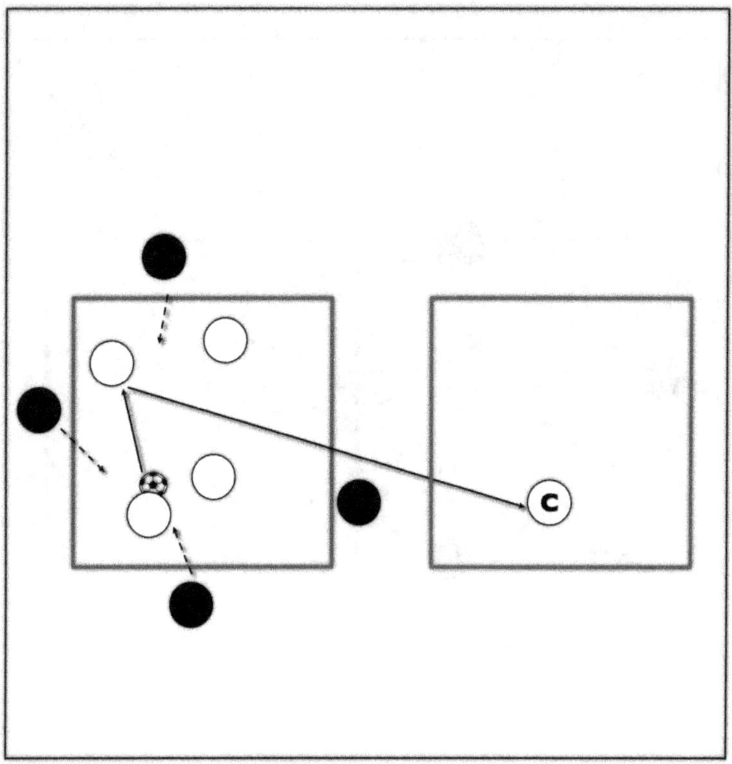

Exercice N° 80	Objectif Principal	Amélioration de la transition défensive
	Joueurs	10 (5x5)

Explication

Dans un rectangle divisé en deux carrés, les joueurs sont placés dans la disposition de l'image. L'équipe qui n'a pas le ballon (noir) tentera d'intercepter une passe de l'équipe blanche, quand c'est le cas, certains joueurs iront sur l'autre terrain pour recevoir et d'autres resteront comme supports à celui qui l'a intercepté pour jouer avec ceux qui sont le plus à l'avant et conserver la possession dans le rectangle. Lorsque l'équipe blanche perd, elle devra organiser une défense, en s'occupant des joueurs restants sur chaque terrain pour récupérer dans les plus brefs délais. La répartition de l'équipe qui récupère ne sera pas toujours la même.

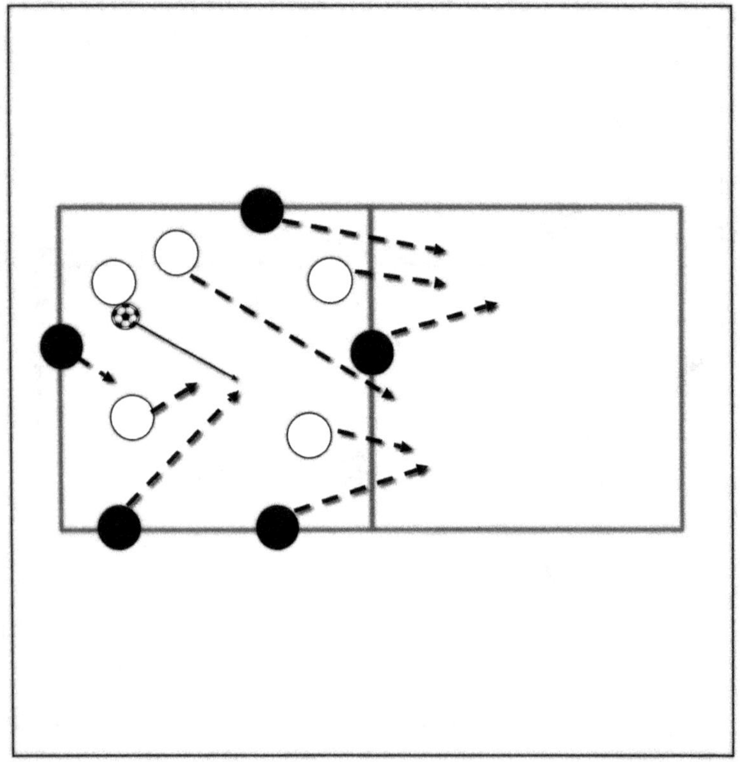

Exercice N° 81	**Objectif Principal** Amélioration de la transition offensive
	Joueurs 7

Explication

Les joueurs distribués comme sur l'image. Ils devront traverser le carré un par un et d'un côté à l'autre, en passant par le carré au centre. Le joueur sans ballon tentera de reprendre le ballon à ceux qui traversent le petit carré. Quand il le fera, il tirera au but avec la pression d'un des joueurs des coins. Celui qui a perdu restera sur la place, en essayant de reprendre aux joueurs qui passent.

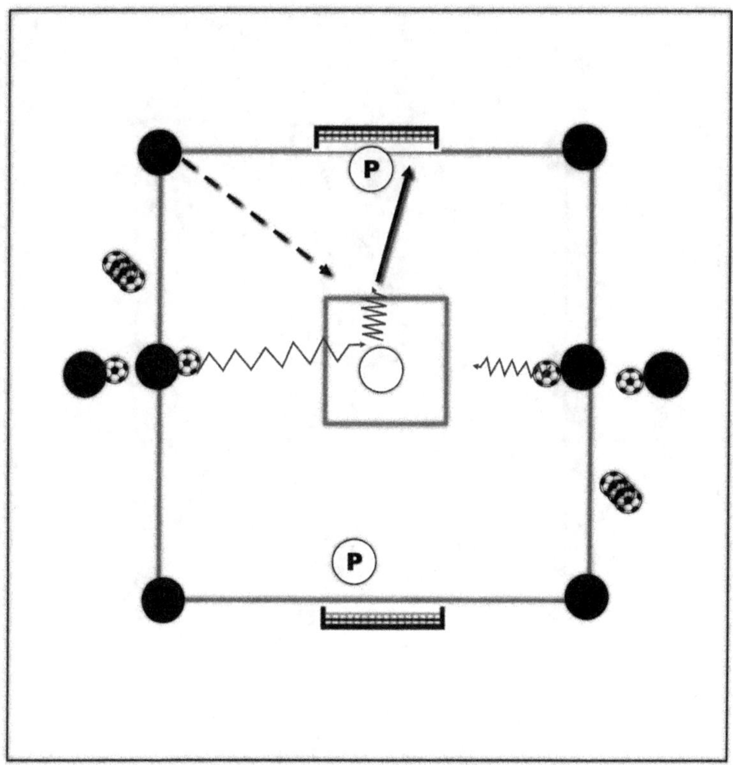

Exercice N° 82	Objectif Principal	Amélioration du concept d'attirer pour passer
	Joueurs	10

Explication

Les joueurs distribués comme sur l'image. Les deux joueurs au centre ont le ballon pour attirer deux joueurs adverses qui iront faire pression sur eux (ils changeront l'endroit de pression à chaque fois). Lorsqu'ils font pression, ils peuvent jouer avec l'un des coéquipiers dans les coins pour attaquer l'un des buts.

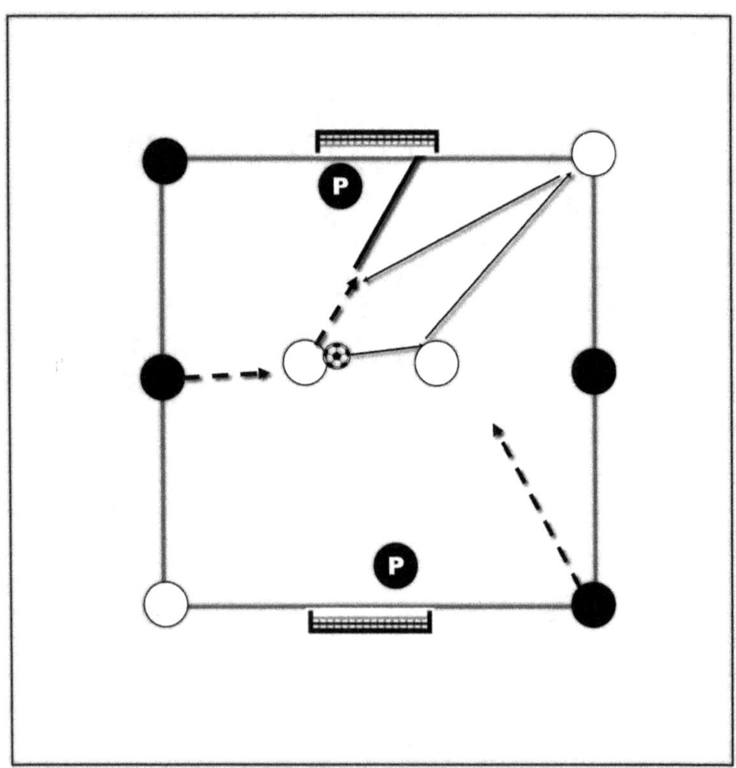

Exercice N° 83	Objectif Principal	Amélioration de la transition défensive
	Joueurs	11 (5x5+P)

Explication

Dans un rectangle divisé en deux carrés, les joueurs sont placés dans la disposition de l'image. L'équipe qui n'a pas le ballon (noir) tentera d'intercepter une passe de l'équipe blanche, quand elle réussira, certains joueurs iront sur l'autre terrain pour recevoir et d'autres resteront en soutien à celui qui a intercepté pour jouer avec les joueurs les plus à l'avant. Lorsque l'équipe blanche perd, elle devra organiser une défense, en s'occupant des joueurs restants sur chaque pour éviter de recevoir un but. La répartition de l'équipe qui récupère ne sera pas toujours la même.

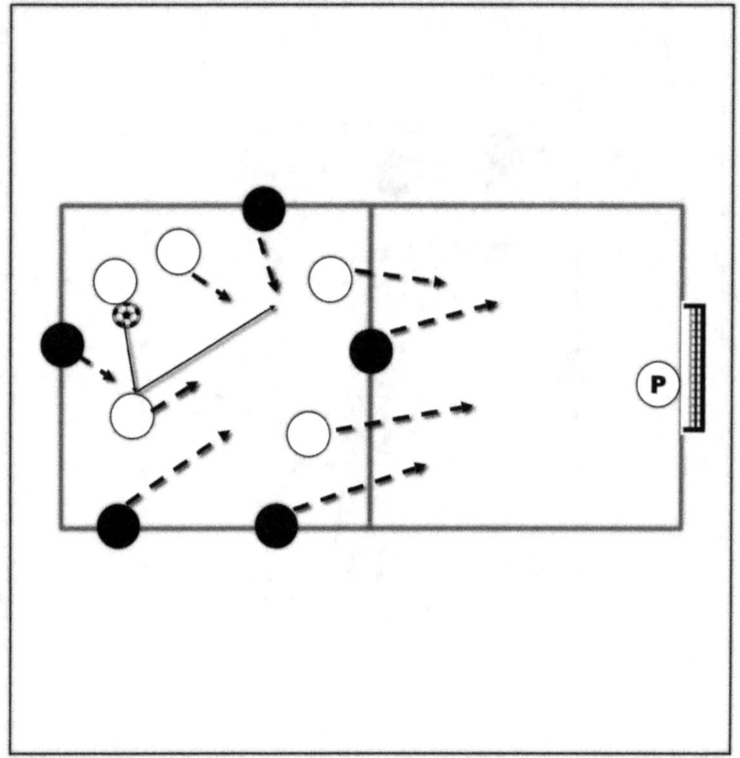

Exercice N° 84	Objectif Principal	Amélioration du concept d'attirer pour passer
	Joueurs	9

Explication

Les joueurs distribués comme sur l'image. Le joueur au centre a le ballon et tente d'attirer deux joueurs adverses qui iront faire pression sur lui (ils alterneront où ils le feront). Lorsqu'ils font pression, il pourra jouer avec l'un des coéquipiers dans les coins pour attaquer l'un des buts.

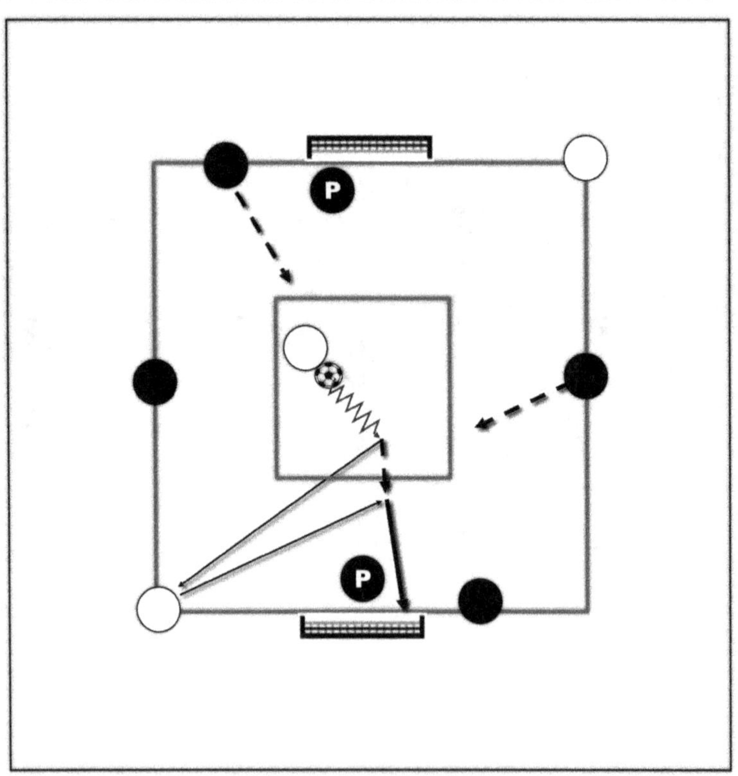

Exercice N° 85	Objectif Principal	Amélioration du concept d'attirer pour passer
	Joueurs	9

Explication

Les joueurs distribués comme sur l'image. Le joueur au centre a le ballon et tente d'attirer deux joueurs adverses qui iront faire pression sur lui (ils alterneront où ils le feront). Lorsqu'ils sont sous pression, ils peuvent jouer avec leurs coéquipiers dans les coins pour attaquer l'un des buts trois contre deux.

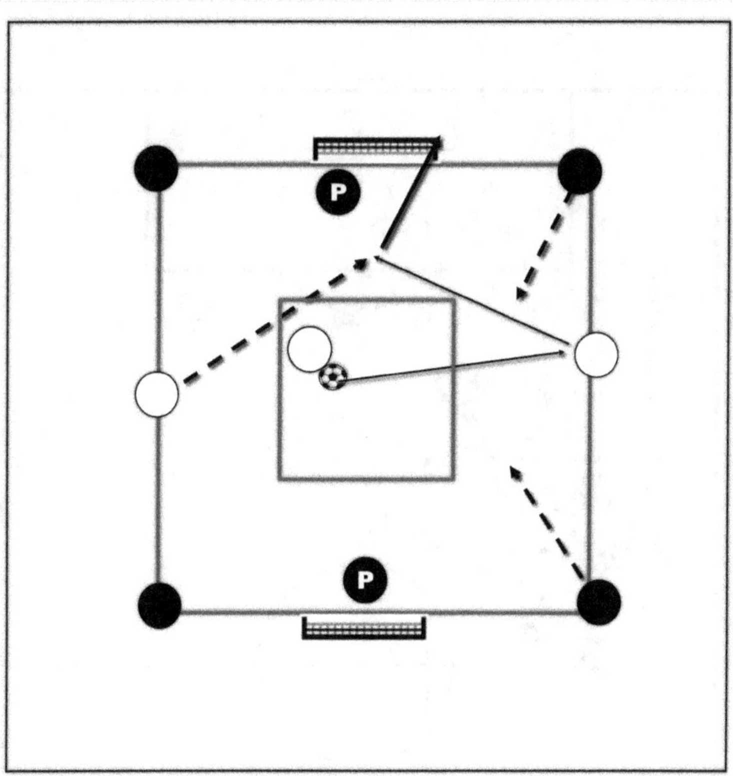

Exercice N° 86	Objectif Principal	Amélioration du concept d'attirer pour passer
	Joueurs	15

Explication

Les joueurs distribués comme sur l'image. Quatre joueurs (équipe noire) jouent dans un carré en faisant entrer les joueurs de l'autre équipe (blanche) pour faire pression. Lorsqu'ils viennent faire pression, les joueurs de l'équipe noire passent à l'un des deux Joueurs qui sont à l'extérieur, ils vont attaquer et toute l'équipe noire attaquera le but défendu par le gardien de but et les joueurs blancs qui ne sont pas entrés sur le carré avant de passer.

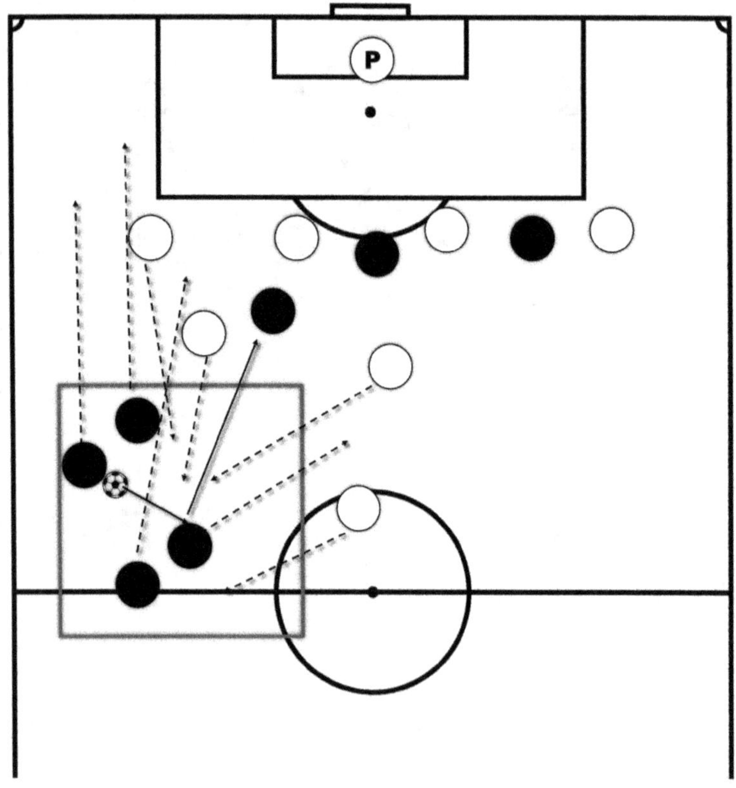

Exercice N° 87	**Objectif Principal** Amélioration de la transition offensive
	Joueurs 10 (4+Px4+P)

Explication

Ils attaquent quatre contre quatre vers un but. Chaque fois qu'une équipe attaque, le joueur qui tire au but ou perd le ballon devra se rendre à l'un des cônes sur la ligne de fond de l'adversaire et l'équipe qui a récupéré effectuera une contre-attaque avant que l'équipe qui a tiré ou perdu ne s'organise.

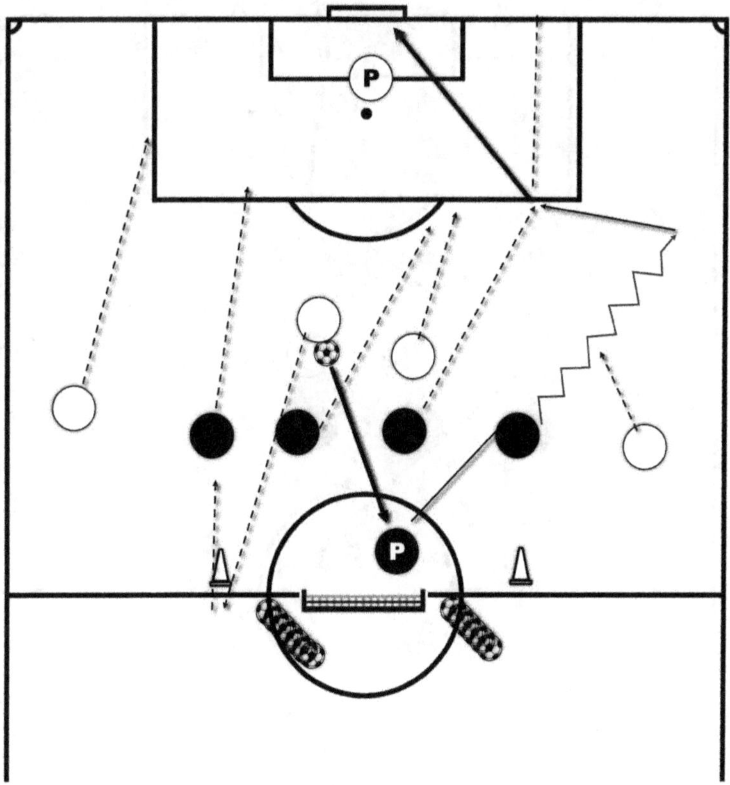

Exercice N° 88	**Objectif Principal** Amélioration de la transition offensive
	Joueurs 10 (4+Px4+P)

Explication

Ils attaquent quatre contre quatre vers un but. Chaque fois qu'une équipe attaque, le joueur qui tire au but ou perd le ballon devra se rendre à l'un des cônes sur la ligne de fond de l'adversaire et l'équipe qui a récupéré effectuera une contre-attaque avant que l'équipe qui a tiré ou perdu ne s'organise.

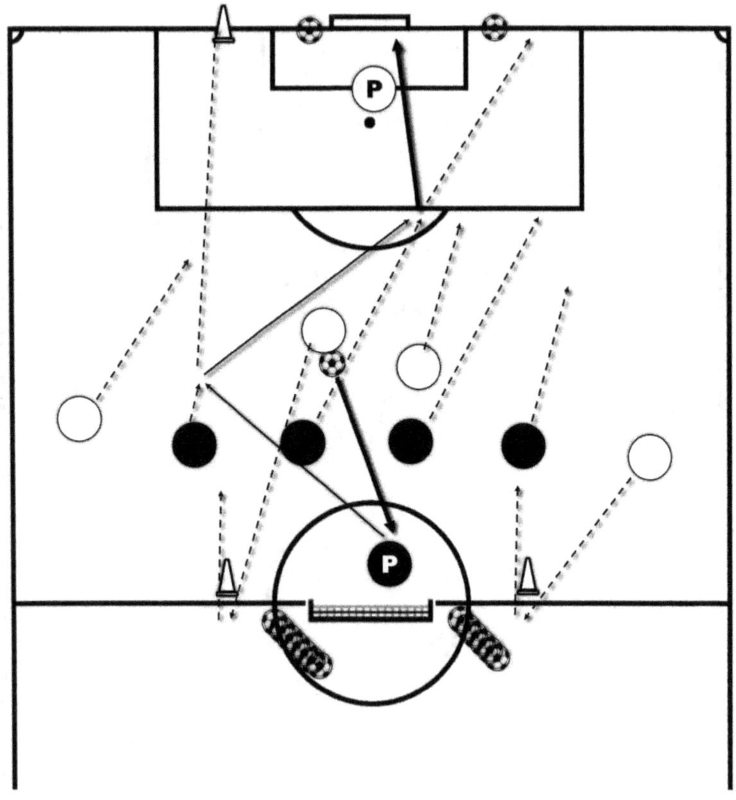

Exercice N° 89	Objectif Principal	Transition offensive et défensive
	Joueurs	12

Explication

Les équipes attaqueront cinq contre quatre, réparties comme dans l'image. Lorsqu'une équipe reprend le ballon, elle joue avec le joueur qui n'a pas défendu (qui cherchera la meilleure disposition) et le joueur qui perd ou tire au but ne participe pas à la défense, en attendant que son équipe récupère le ballon ou que l'adversaire termine et joue avec lui pour profiter des espaces derrière. Les équipes replieront un joueur par couloir.

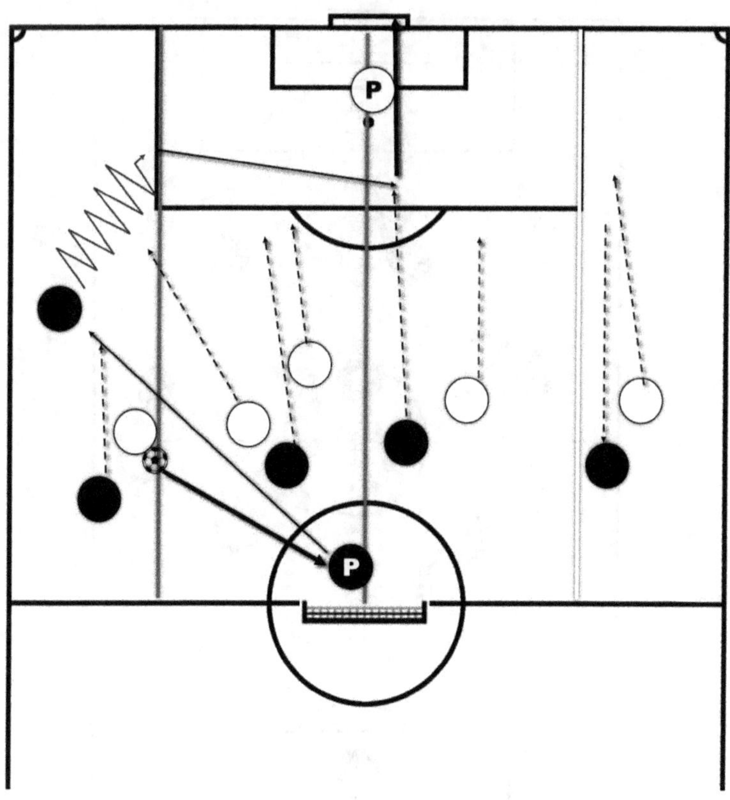

Exercice N° 90	**Objectif Principal** Amélioration de la transition offensive
	Joueurs 22

Explication

Le terrain marqué comme dans l'image. Lorsque les équipes perdent le ballon ou terminent un échange, tous les joueurs se replieront derrière la ligne à l'exception d'un certain nombre de joueurs qui resteront sous pression, qui alterneront aléatoirement (pas toujours le même, ni le même nombre).

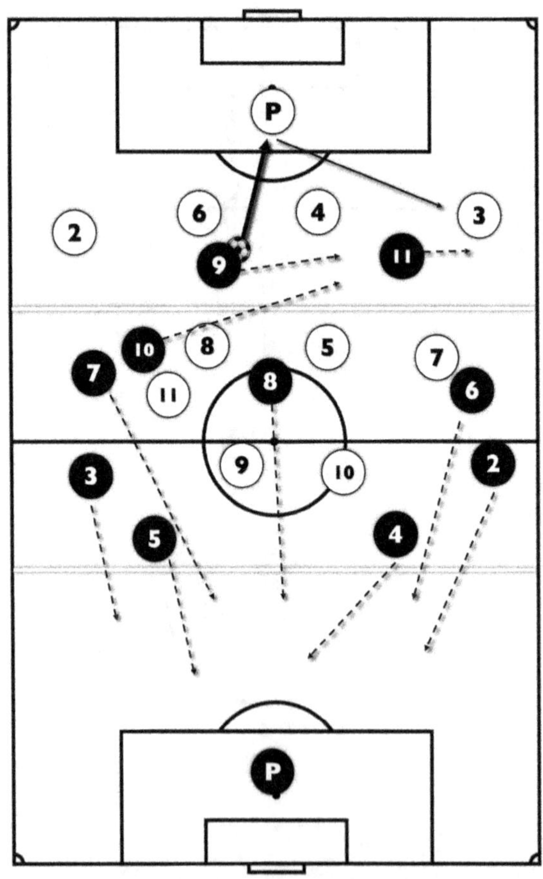

     EDITORIAL WANCEULEN

Exercice N° 91	Objectif Principal	Amélioration de la transition offensive et de la phase avec balle
	Joueurs	22

Explication

Le terrain marqué comme dans l'image. Lorsque les équipes perdent le ballon ou terminent un échange, les joueurs formeront une ligne défensive sur leur ligne de terrain de 3, 4 ou 5 joueurs (pas toujours les mêmes, ni le même nombre). Si l'équipe en récupération le peut, elle contre-attaquer ou sinon, elle ne fait pas d'attaque organisée et tente de contourner les différentes lignes défensives auxquelles elle fait face.

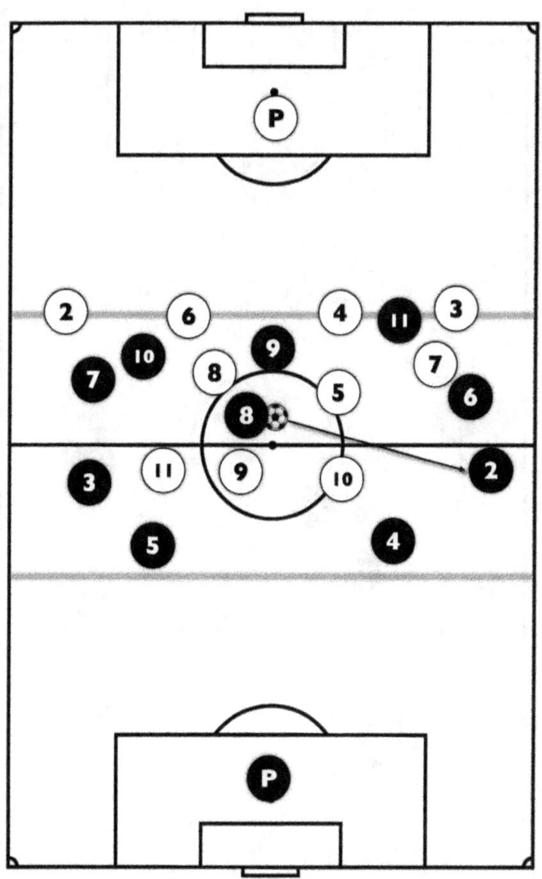

Exercice N° 92	**Objectif Principal** Amélioration de la transition offensive
	Joueurs 22 (10+Px10+P)

Explication

Un match dans lequel les deux équipes feront pression avec des marques individuelles sur l'équipe adverse à travers le terrain à chaque fois qu'il y aura une perte de balle. Les marques peuvent ne pas être les mêmes à chaque fois que la balle est perdue.

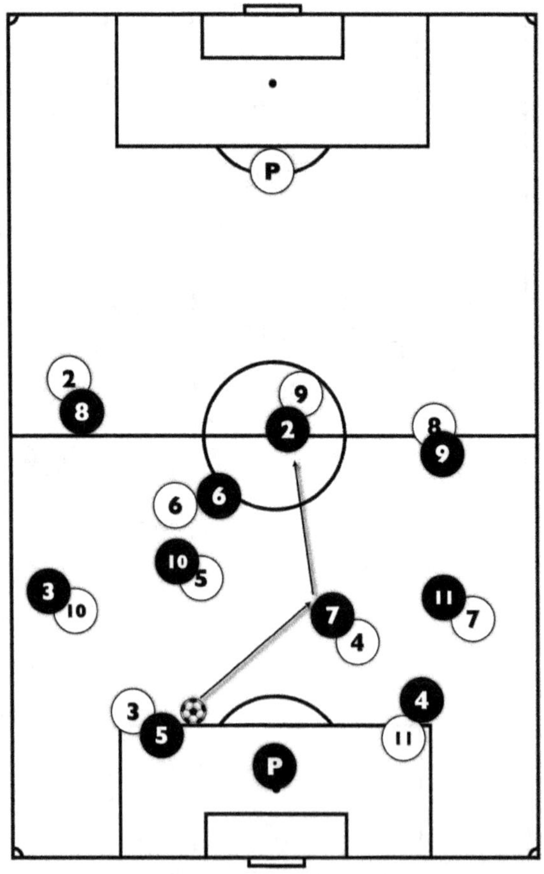

Exercice N° 93	Objectif Principal	Amélioration des transitions et de la phase avec balle
	Joueurs	22

Explication

Le terrain marqué comme sur l'image. Les équipes formeront des lignes défensives sur les 3 lignes les plus proches de leur but, en alternant la disposition sur chacune d'elles à chaque fois qu'elles perdent le ballon. Les joueurs sur les lignes ne peuvent intercepter que des passes.

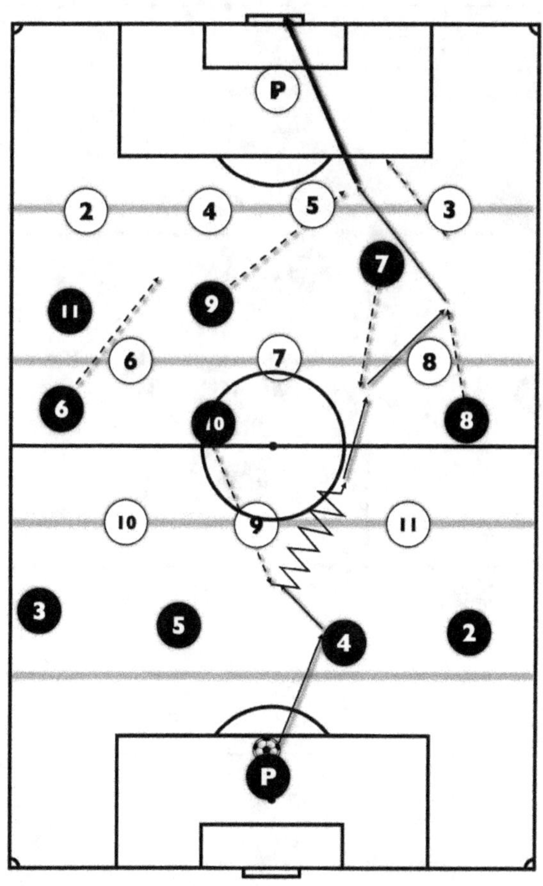

Exercice N° 94	**Objectif Principal** Amélioration de la phase avec balle
	Joueurs 16

Explication

Dans un rectangle divisé en trois champs égaux, il y aura 3 joueurs répartis dans la zone centrale et un sur la ligne. Les joueurs sur les lignes ne pourront intercepter que des passes en défense, en attaque ils attendront que leurs coéquipiers attirent les adversaire pour recevoir en profondeur et attaquer le but adversaire. Quand ils le feront, un ou deux joueurs pourront entrer de manière aléatoire préalablement coordonnée par l'entraîneur pour défendre, en changeant le nombre et la disposition des joueurs qui entrent pour défendre à chaque attaque.

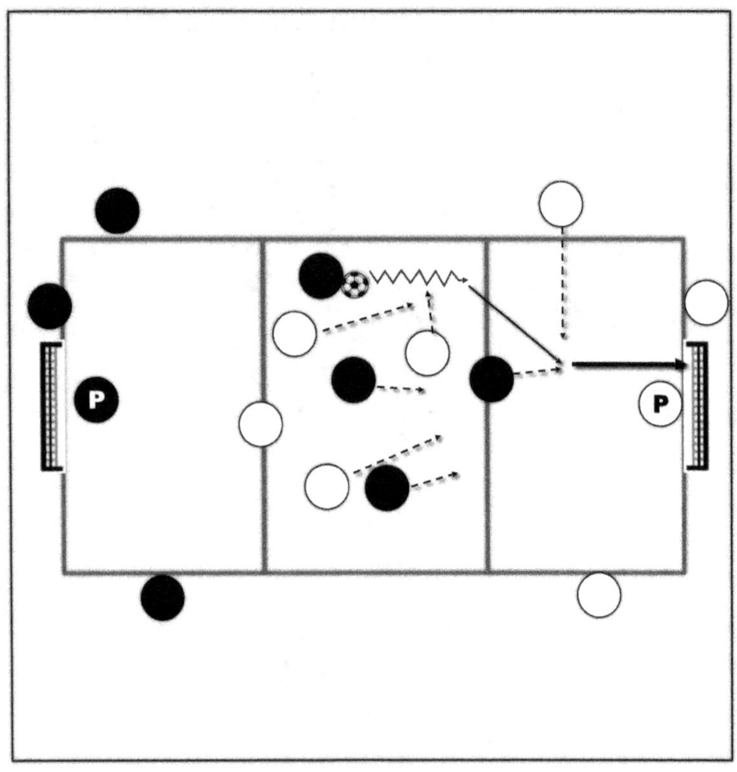

Exercice N° 95	**Objectif Principal** Amélioration de la phase sans balle
	Joueurs 12

Explication

Dans un rectangle divisé en trois champs égaux. Dans la zone centrale, il y aura 2 joueurs de chaque équipe et sur la ligne défensive de l'équipe qui attaque 3 Joueurs et de l'équipe qui en défend un. Les joueurs de la ligne offensive iront se placer dans des positions avancées au hasard et jamais deux joueurs à la fois. Le joueur défenseur surveillera les joueurs qui se joignent à l'attaque pour se défendre. Si une équipe récupère, les deux joueurs qui étaient en dehors de la ligne rejoindront la ligne et deux sortent la ligne de l'équipe qui a perdu le ballon.

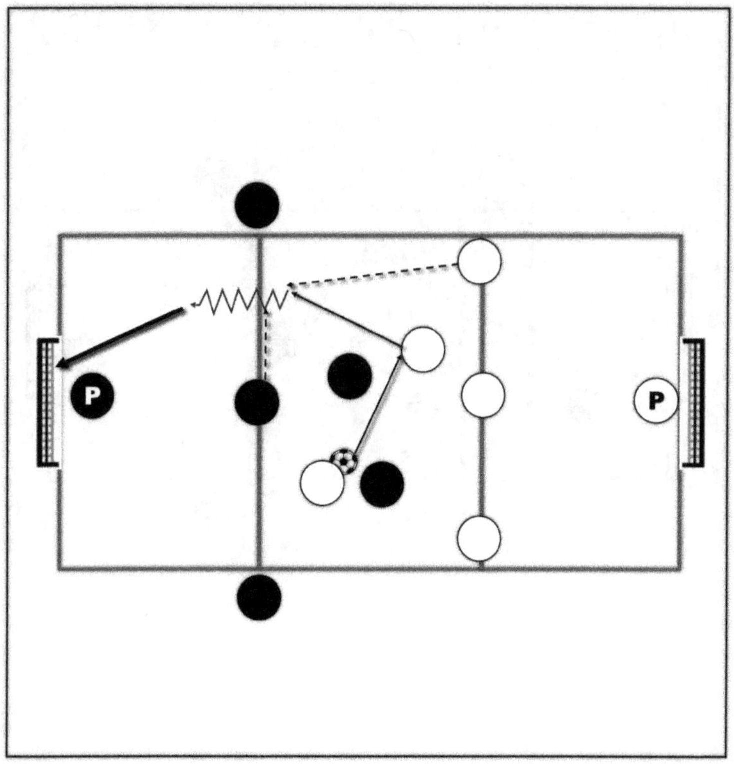

Exercice N° 96	**Objectif Principal**	Amélioration de la phase avec balle
	Joueurs	10

Explication

Les joueurs distribués comme sur l'image. Les joueurs en position d'un contre un au centre tenteront de passer au coéquipier à l'arrière et les joueurs de l'extérieur pourront entrer dans les couloirs pour intercepter les passes, mais ils ne pourront pas y rester.

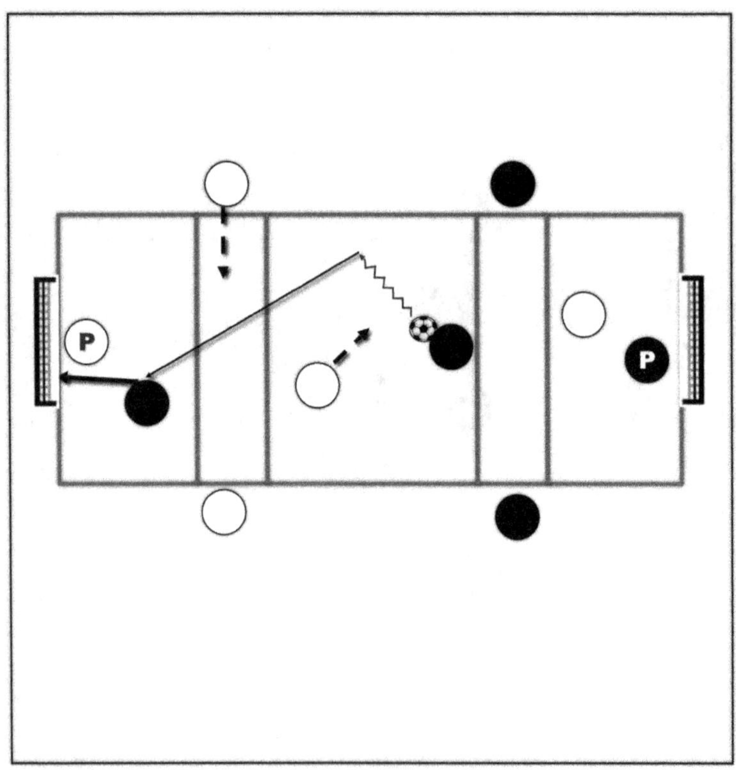

Exercice N° 97	Objectif Principal	Amélioration de la phase avec balle
	Joueurs	12

Explication

Les joueurs distribués comme sur l'image. Les joueurs en face à face depuis le centre tenteront de dépasser le compagnon depuis le couloir et un seul joueur de l'extérieur pourra entrer au hasard dans la zone centrale pour s'opposer au lanceur. S'ils récupèrent, ils vont au centre pour jouer avec le joueur du couloir.

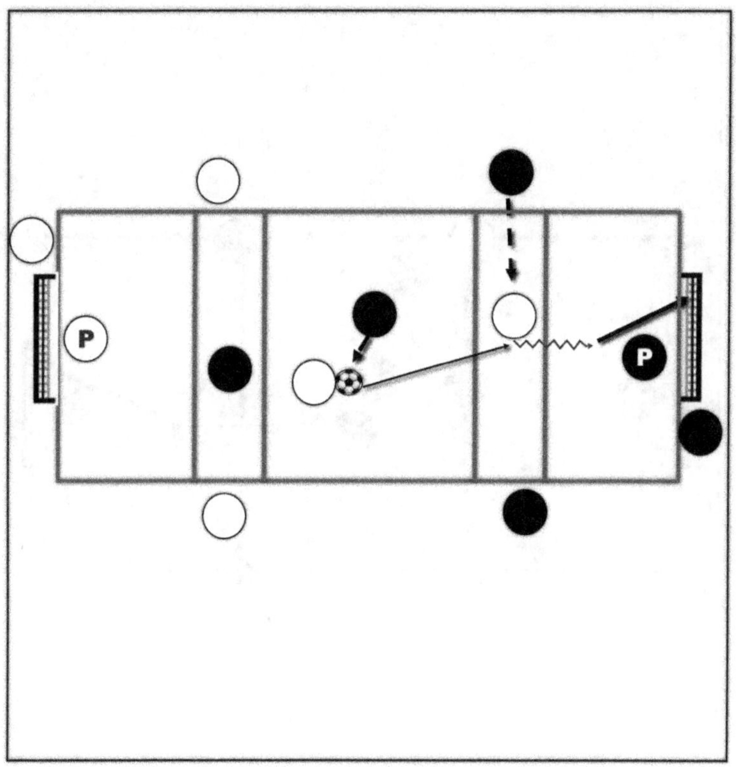

Exercice N° 98	Objectif Principal	Amélioration de la surveillance
	Joueurs	10

Explication

Dans un rectangle divisé en trois champs égaux, les joueurs seront répartis trois dans la zone centrale et un sur la ligne. Les joueurs sur les lignes ne pourront intercepter que des passes en défense et en attaque ils participeront comme supports. Les joueurs des coins participeront en se démarquant constamment et aléatoirement lorsque leur équipe aura le ballon, ils seront surveillés et pressés (lorsqu'ils recevront) par ceux des lignes.

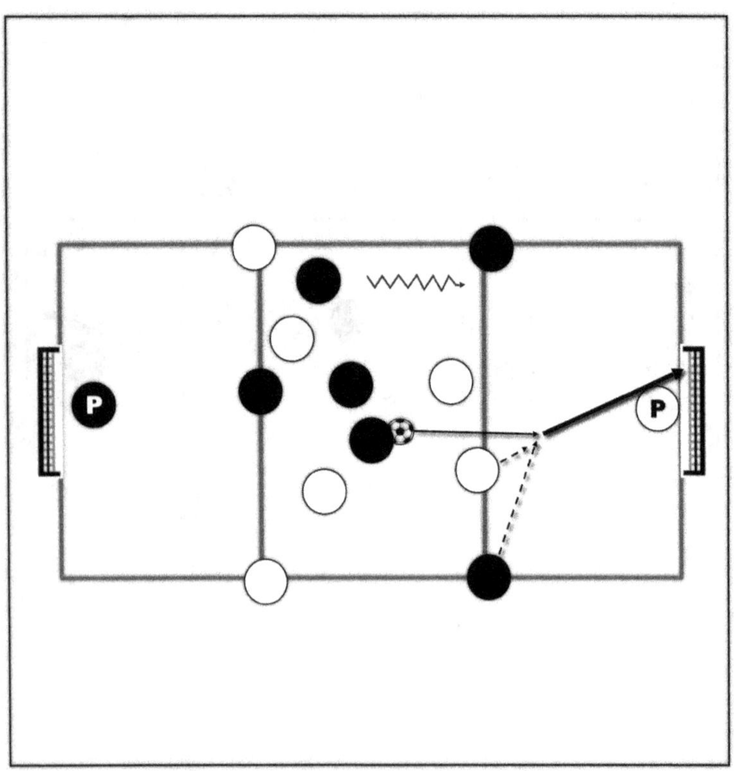

Exercice N° 99	Objectif Principal	Amélioration du jeu avec balle et sans balle
	Joueurs	16

Explication

Une équipe attaquera vers le but défendu à chaque fois par une ligne défensive différente (deux, trois, quatre ou cinq). Ceux qui passent le ballon sous la pression des joueurs qui ne sont pas sur la ligne défensive, passent à l'attaque lorsqu'ils passent le ballon et se préparent à attaquer. Seuls les joueurs qui ont passé le tour peuvent attaquer et ont pu en sortir avant qu'un joueur ne change de zone avec la balle pourront attaquer.

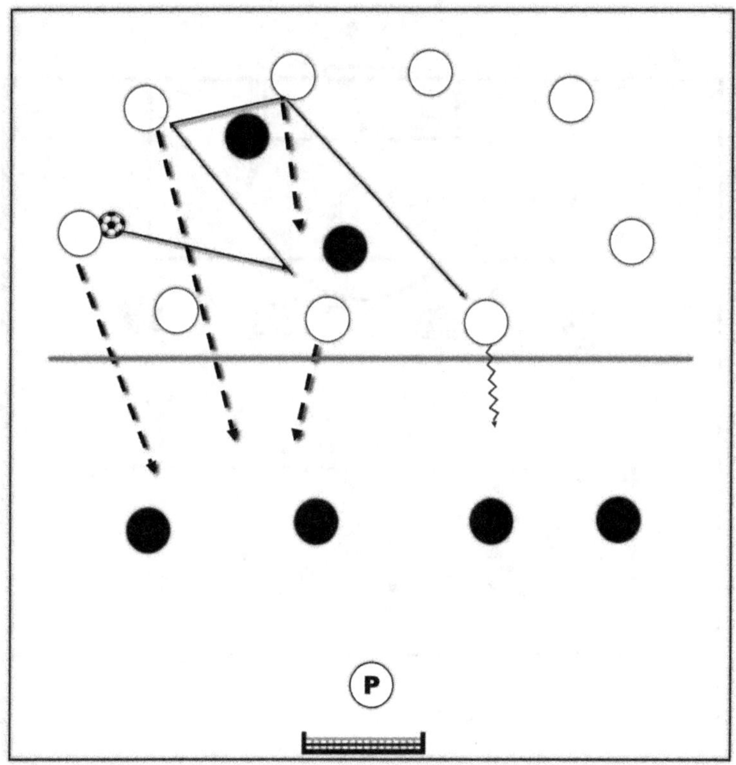

Exercice N° 100	**Objectif Principal** Amélioration de la défense de zone
	Joueurs 18

Explication

Les joueurs sont distribués comme sur l'image. Les joueurs de l'équipe blanche qui passent le ballon (avec la pression par trois joueurs de l'équipe noire), sortiront du le rectangle lorsque chacun passera et seront prêts à attaquer. Les quatre joueurs de l'équipe noire qui composent la ligne se prépareront à défendre le but lorsqu'ils recevront l'un de ceux qui sont sortis. Lorsque l'équipe blanche se sent sous pression (et avant de perdre le ballon), elle va jouer avec l'un des joueurs extérieurs pour attaquer (uniquement ceux qui ont passé et sont sortis).

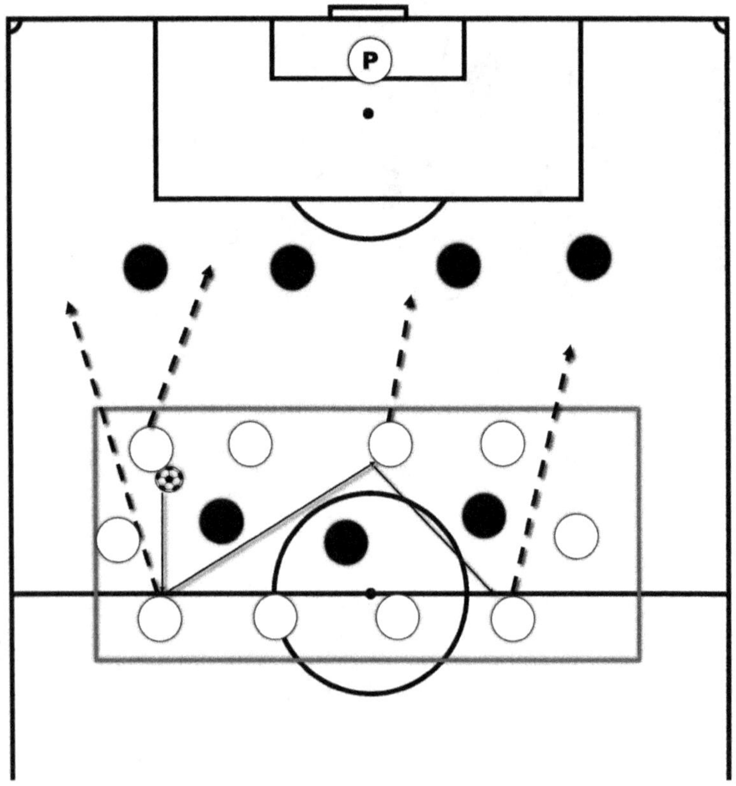

BIBLIOGRAPHIE

- Alarcón, F.; Cárdenas, D.; Clemente, V.; Collado, J. A. (Coord.); Guillén, J. C.; Jiménez, M.; Lázaro J.; Mercadé, O.; Ardoy, D. N.; Rivilla, I. y Sánchez, M. (2018): *Neurociencia, deporte y educación.* Editorial Wanceulen.

- Ballarini, F. (2016): *REC: Porqué recordamos lo que recordamos y olvidamos lo que olvidamos.* Editorial Debate.

- Bangsbo, J. y Peitersen, B. (2002): *Fútbol: Jugar en defensa.* Editorial Paidotribo. Barcelona.

- Bargh, J. (2018): ¿Porqué hacemos lo que hacemos?: el poder del inconsciente. Editorial Ediciones B.

- Caballero, M. (2017): *Neuroeducación de profesores y para profesores: De profesor a maestro de cabecera.* Editorial Ediciones Pirámide.

- Caneda, R. (1999): *La zona en Fútbol.* Editorial Wanceulen. Sevilla.

- Cano Moreno, Oscar (2010): *Fútbol: Entrenamiento global basado en la interpretación del juego.* Editorial Wanceulen.

- Castellano, Julen y Casamichana, David (2016): *El arte de planificar en fútbol,* Editorial Futbol de libro.

- Castellano, Julen; Casamichana, David y San Román, Jaime (2015): *Los juegos reducidos en el entrenamiento del fútbol.* Editorial Futbol de libro.

- Castelo, J. (1999): *Futbol. Estructura y dinámica del juego.* Editorial INDE. Barcelona.

- Couto, A. (2015): *Las grandes escuelas del Fútbol Moderno.* Editorial Fútbol de libro.

- Espar, Xesco (2010): *Jugar con el corazón: La excelencia no es suficiente.* Plataforma Editorial.

- Fradua, Luis (1997): *La visión periférica del futbolista.* Editorial Paidotribo.

- García Ocaña, Francisco (2008): *Fútbol y Fútbol sala: 250 actividades sociomotrices.* Editorial Paidotribo. Barcelona.

- Garganta, J. y Pinto, J. en Graça, A. y Oliveira, J. (1997): *La enseñanza de los juegos Deportivos.* Editorial Paidotribo.

- González, Alberto (2013): *Fútbol. Dinámica del juego desde la perspectiva de las transiciones.* Editorial Learning 11.

- Jackson, Phil (2014): *Once anillos.* Editorial Roca.

- López López, Javier (2008): *Fútbol: Alevines: 120 fichas de sesiones de entrenamiento.* Editorial Wanceulen. Sevilla.

- López López, Javier (2008): *Fútbol: Cadetes: 160 fichas de sesiones de entrenamiento.* Editorial Wanceulen. Sevilla.

- López López, Javier (2009): *400 tareas integradas para el entrenamiento de la táctica ofensiva.* Editorial Wanceulen.

- López López, Javier (2009): *500 juegos para el entrenamiento físico con balón.* Editorial Wanceulen.

- López López, Javier (2009): *Fundamentos tácticos defensivos.* Editorial Wanceulen.

- López López, Javier (2009): Fútbol: *1380 Juegos globales para el aprendizaje y perfeccionamiento de la técnica ofensiva y defensiva.* Editorial Wanceulen. Sevilla.

- López López, Javier (2009): *Fútbol: Prebenjamines: 80 fichas de sesiones de entrenamiento.* Editorial Wanceulen. Sevilla.

- López López, Javier (2013): *Fútbol: Benjamines: 80 fichas de sesiones de entrenamiento.* Editorial Wanceulen. Sevilla.

- López López, Javier (2013): *Fútbol: Infantiles: 120 fichas de sesiones de entrenamiento.* Editorial Wanceulen. Sevilla.

- López López, Javier (2013): *Fútbol: Juveniles: 160 fichas de sesiones de entrenamiento.* Editorial Wanceulen. Sevilla.

- López López, Javier (2013): *Fútbol: Senior (2013): 175 fichas de sesiones de entrenamiento.* Editorial Wanceulen. Sevilla.

- López López, Javier; Wanceulen Moreno, Antonio; Wanceulen Moreno, José F. y Bernal Ruiz, Javier (2009): *225 juegos para el entrenamiento integrado del pase en el fútbol.* Editorial Wanceulen.

- Marí, Pep (2011): Aprender de los campeones. Plataforma Editorial.

- Marí, Pep (2019): *Equipos campeones: Como convertir un buen equipo en uno mucho mejor*. Editorial Plataforma Impresa.

- Mayer, R. (1996): *Fichas de fútbol. 120 juegos de ataque y defensa*. Hispano Europea. Barcelona.

- Mora, F. (2014): *¿Cómo funciona el cerebro?* Alianza editorial.

- Mora, F. (2017): *Neuroeducación: sólo se puede aprender de aquello que se ama*. Alianza editorial.

- Pérez, Marcial (2019): *Mente Deportiva: Entrenar el cerebro para extender los límites del rendimiento*. Autoría Editorial.

- Recuelta Candón, Amalia (2016): *El cerebro decide*. Editorial Fútbol Táctico.

- Seirul´lo, F. (1999): *Criterios modernos del entrenamiento en el fútbol*. Revista Training Fútbol. Valladolid.